DE LA TIERRA AL PLATO

DE LA TIERRA AL PLATO

DELICIOSOS PLATOS CON TUBÉRCULOS

This edition published by Parragon Books Ltd in 2014 and distributed by:

Parragon Inc.
440 Park Avenue South, 13th Floor
New York, NY 10016, USA
www.parragon.com/lovefood

LOVE FOOD is an imprint of Parragon Books Ltd

ISBN: 978-1-4723-4652-0

Impreso en China/Printed in China

Recetas nuevas: Sarah Bush
Introducción y otros textos: Christine McFadden
Fotografías nuevas: Mike Cooper
Nueva economía doméstica: Lincoln Jefferson
Diseño adicional: Geoff Borin
Ilustraciones del interior y de las solapas de la sobrecubierta: Julie Ingham y Nicola O'Byrne

Traducción: Carme Franch para Delivering iBooks & Design
Redacción y maquetación: Delivering iBooks & Design, Barcelona

Notas:
En este libro las medidas se dan en los sistemas métrico e imperial. Cuando el nombre de algún ingrediente varía de una región del ámbito hispánico a otra, se ha procurado ofrecer las variantes. Se considera que 1 cucharadita equivale a 5 ml y 1 cucharada, a 15 ml; asimismo, las tazas indicadas en las medidas son rasas. Si no se da otra indicación, la leche será siempre entera; la mantequilla, con sal; los huevos, grandes; las verduras u hortalizas, de tamaño medio, y la pimienta, negra y recién molida. Si no se da otra indicación, lave y pele las hortalizas de raíz antes de añadirlas a las recetas.

Las guarniciones y sugerencias de presentación son opcionales y no siempre se incluyen en la lista de ingredientes o la preparación. Los tiempos indicados son orientativos. Los tiempos de preparación pueden variar de una persona a otra según su técnica culinaria; asimismo, también pueden variar los tiempos de cocción. Los ingredientes opcionales, las variaciones y las sugerencias de presentación no se han incluido en los cálculos.

Las recetas que llevan huevo crudo o poco hecho no están indicadas para niños, ancianos, mujeres embarazadas ni personas convalecientes o enfermas. Se recomienda a las mujeres embarazadas o lactantes que no consuman cacahuetes ni productos derivados. Las personas alérgicas a los frutos secos deberán omitirlos en las recetas que los lleven. Lea siempre con atención el envase de los productos antes de consumirlos.

Créditos fotográficos:
El editor desea dar las gracias a las siguientes personas y entidades por su permiso para reproducir material registrado. Las ilustraciones de la cubierta y la contracubierta son cortesía de iStock; página 13: Caja de hortalizas © Beyond fotomedia/Junos; página 75: Bodegón de zanahorias y remolachas en un escurridor © Aurora Open/Justin Baille; página 112: Remolachas ecológicas © The Agency Collection/Mint Images/Tim Pannell; página 113: Rábanos © Image Source.

ÍNDICE

LA RAÍZ DE LA CUESTIÓN

Aunque solemos relacionar los tubérculos con la comida de todos los días, lo cierto es que estos tesoros enterrados son todo un regalo por sus sabores sorprendentemente vigorosos y su variada paleta cromática. En términos botánicos, cabe distinguir entre tubérculos y raíces. Los tubérculos, como la patata, el ñame y la aguaturma, son la parte engrosada de tallos subterráneos. La zanahoria, la remolacha y el rábano, por el contrario, son raíces propiamente dichas.

REMOLACHA

Además de granates, hay remolachas amarillas, blancas y con llamativos círculos concéntricos rosas y blancos. Su característico sabor entre dulce y terroso tiene cierto amargor de fondo. Combina con el rábano picante, el suero de mantequilla, las bayas de enebro y el eneldo.

ZANAHORIA

Las zanahorias presentan una amplia gama de formas, tamaños y colores, no solo naranja. También las hay amarillas, rojas, violetas y blancas. Crudas o cocidas, quedan de lo más llamativas en el plato. Además, aguzan la visión nocturna.

APIONABO

Con su piel con marcas de viruela y su maraña peluda de raíces, tal vez el apionabo no vaya a ganar un concurso de belleza, pero su sabor compensa con creces su aspecto. La frescura del apio y la textura feculenta de la patata concentradas en una hortaliza.

AGUATURMA

Es un tubérculo alargado de un deslucido color beis, aunque algunas variedades sorprenden por su llamativo rosa rojizo. Poseen un sabor único a tierra y frutos secos, parecido al de la alcachofa.

CHIRIVÍA

Unas variedades de esta modesta hortaliza son finas y alargadas, pero otras son pesos pesados. La carne, de color marfil, tiene un sabor limpio, dulce sin resultar empalagoso.

PATATA

Las hay desde las grandes para asar hasta las nuevas, del tamaño de un guijarro. Suelen tener la piel beis, rosada o roja, pero también azul o violeta, y la carne de color marfil, amarilla o incluso violeta. Unas son harinosas, ideales para hacer puré; es el caso de las rojas. Otras, como la dorada Yukon, son cremosas, buenas para sopas. Las patatas nuevas mantecosas son las mejores para ensaladas.

RÁBANO

De tamaños, formas y colores distintos, desde los rojos más pequeños hasta los asiáticos más grandes de piel negra, pasando por los exóticos de carne verde o roja. Todos presentan una crujiente y jugosa textura, y un sabor acre de intensidad variable.

COLINABO

Fácil de distinguir por sus dos colores (violeta arriba y amarillo oscuro abajo), el colinabo es un tubérculo olvidado de carne dorada densa y sabor acre. Es delicioso en puré, asado o frito, e incluso rallado crudo en ensaladas.

BONIATO

Este tubérculo tiene forma de torpedo, la piel gruesa de un naranja amarronado y la carne jugosa, dulce y de un intenso color naranja. Exquisito asado o en puré, con él también se hacen platos dulces, sobre todo pasteles.

NABO

Pariente del colinabo y el rábano, el nabo presenta formas muy variadas: desde achatado como una peonza hasta redondo o alargado. Es menos denso que el colinabo, y de sabor más dulce y suave.

ÑAME

El ñame es un tubérculo tropical muy versátil de piel rugosa, marrón, y carne viscosa de un blanco roto. Se come hervido, asado, frito o en puré, como la patata.

MUCHAS PROPIEDADES

Nadie pone en duda ya la relación entre una buena salud y una dieta rica en hortalizas. Junto con las frutas, las hortalizas están presentes en las pirámides nutricionales de los principales países, y los expertos consideran que su consumo podría prevenir enfermedades crónicas e irreversibles, como cardiopatías y cáncer.

Las hortalizas no solo aportan vitaminas, minerales y fibra, sino que contienen antioxidantes, un grupo de nutrientes que protegen el cuerpo al anular el efecto de los radicales libres. Se cree que los radicales libres atacan al ADN, el material genético del núcleo de la célula, y que los cambios que provocan podrían derivar en cáncer. También causan daños oxidativos relacionados con el envejecimiento prematuro, las cataratas y la aterosclerosis.

Aunque no solemos prestarles mucha atención, los tubérculos poseen magníficas propiedades nutritivas. Todos contienen hidratos de carbono de liberación lenta que sacian y mantienen estables los niveles de energía. Además, tienen un índice glucémico bajo, a excepción de la patata y la chirivía. Si le preocupa el control del índice glucémico, puede sustituirlas por boniato.

Los tubérculos son muy ricos en fibra, tanto soluble, que baja el colesterol, como insoluble o «alimentaria», que combate el estreñimiento. Los que la contienen en más cantidad, como las zanahorias y chirivías viejas, también concentran lignina en el tronco central. Al parecer, esa sustancia reduce los niveles de colesterol en sangre y, por tanto, el riesgo de obstrucción de las arterias.

Algunos tubérculos tienen propiedades especiales. La remolacha, por ejemplo, contiene un grupo de pigmentos conocido como betalaínas, que tienen propiedades antioxidantes y antiinflamatorias, pero también estimulan la producción de enzimas que amalgaman las sustancias nocivas en las células y facilitan su excreción del organismo.

La zanahoria es rica en carotenoides, igual que el boniato. Los carotenoides no solo contienen caroteno, que el cuerpo transforma en vitamina A, sino también alfacaroteno y luteína, con valiosas propiedades anticancerígenas. Además, se dice que una zanahoria al día mejora la visión nocturna.

9

RECETAS CASERAS PUESTAS AL DÍA

¡TUBÉRCULOS A TUTIPLÉN!

Los tubérculos son relativamente baratos y se conservan bien, y por eso los hay en todas partes.

EN LA CIUDAD

No solo los encontrará en el supermercado. Las tiendas donde se venden hortalizas asiáticas o africanas son un auténtico tesoro por descubrir. En ellas encontrará tubérculos que quizá no haya visto nunca: no desaproveche la oportunidad de probarlos. Otra opción son las fruterías de barrio y los mercados, donde hay una magnífica variedad de hortalizas frescas. Tenga en cuenta que los tubérculos no toleran los ambientes muy cálidos e iluminados, por lo que es mejor no comprarlos en las típicas tiendecitas abiertas hasta la madrugada.

EN EL CAMPO

Como es natural, no hay nada como comprar directamente al agricultor para disfrutar de toda la frescura de las hortalizas de temporada. Otra ventaja del comercio de proximidad es que además se ahorra en transporte. El agricultor vende sus productos aunque tengan imperfecciones y sin necesidad de maquillarlos o presentarlos en envases innecesarios que hay que tirar al llegar a casa.

A DOMICILIO

Si tiene poco tiempo, una alternativa es encargar cajas de hortalizas a domicilio. Los clientes de este servicio reciben periódicamente una caja con hortalizas de temporada. El tamaño de la caja se define en función del consumo previsto, y se puede pedir que no se incluya algún producto que no guste o no se pueda comer. Y lo mejor es que se aguza el ingenio para preparar de distintas formas las hortalizas que llegan en mayor cantidad.

PRODUCTOS ECOLÓGICOS

Teniendo en cuenta que los tubérculos absorben de la tierra herbicidas, pesticidas y fungicidas, merece la pena comprarlos ecológicos, sobre todo si se come a menudo uno determinado. Son más caros, pero el sabor y la tranquilidad compensan con creces. En algunos supermercados se venden hortalizas ecológicas, aunque no siempre proceden de productores locales. Siempre que sea posible, lo mejor es comprarlas en tiendas especializadas en alimentación ecológica o directamente al agricultor.

CREMA DE APIONABO CON PALITOS DE QUESO

PARA: 4 PERSONAS   **PREPARACIÓN:** 15 MINUTOS   **COCCIÓN:** 45 MINUTOS

INGREDIENTES

3 cucharadas de aceite de oliva

1 cebolla picada

1 apionabo (raíz de apio, apio-rábano) troceado

1 litro/4 tazas de caldo de verduras

1 manojito de tomillo fresco, picado

sal y pimienta al gusto

ramitas de tomillo fresco, para adornar

PALITOS DE QUESO

1 lámina de hojaldre, descongelada si fuera necesario

harina, para espolvorear

1 huevo batido

100 g/1 taza de parmesano rallado fino

mantequilla, para untar

sal y pimienta

1. Caliente el aceite a fuego medio en una cazuela y rehogue la cebolla, removiendo, 4 o 5 minutos, hasta que esté blanda pero no dorada.

2. Añada el apionabo y rehogue, removiendo, 3 o 4 minutos. Vierta el caldo y eche el tomillo. Cueza la sopa a fuego lento 25 minutos, o hasta que el apionabo esté tierno. Mientras tanto, precaliente el horno a 200 °C (400 °F).

3. Para preparar los palitos de queso, extienda el hojaldre en la encimera espolvoreada con harina. Píntelo con la mitad del huevo, esparza la mitad del queso por encima y salpimiente.

4. Doble la lámina de hojaldre por la mitad. Píntela con el huevo restante, esparza el resto del queso por encima y salpimiente. Unte con mantequilla dos bandejas de horno y fórrelas con papel vegetal.

5. Corte el hojaldre en tiras de 1 cm (½ in) de ancho. Retuérzalas en espiral. Cuézalas en el horno precalentado 5 minutos, o hasta que estén crujientes y doradas.

6. Triture la sopa en la misma cazuela con la batidora de brazo y caliéntela a fuego lento. Salpimiente. Reparta la crema entre cuatro cuencos precalentados, adórnela con ramitas de tomillo y sírvala con los palitos de queso templados.

CREMA DE BONIATO Y MANZANA

PARA: 6 PERSONAS

PREPARACIÓN: 15 MINUTOS

COCCIÓN: 45 MINUTOS

INGREDIENTES

1 cucharada de mantequilla

3 puerros (poros) en rodajitas

1 zanahoria grande en rodajitas

4 boniatos (papas dulces, batatas) (unos 600 g/1,3 lb), en dados

2 manzanas Granny Smith, peladas, sin el corazón y en dados

1,2 litros/5 tazas de agua

nuez moscada recién rallada

225 ml/1 taza de zumo (jugo) de manzana

225 ml/1 taza de nata (crema) líquida

sal y pimienta al gusto

cebollino (cebollín) o cilantro picados, para adornar

1. Derrita la mantequilla en una cazuela a fuego medio-lento.

2. Eche el puerro, tape la cazuela y rehóguelo de 6 a 8 minutos, o hasta que se ablande, removiendo.

3. Añada la zanahoria, el boniato, la manzana y el agua. Sazone con un poco de sal, pimienta y nuez moscada. Llévelo a ebullición, baje el fuego y cuézalo, tapado, unos 20 minutos, removiendo de vez en cuando, hasta que los tubérculos estén tiernos.

4. Deje enfriar un poco la sopa y tritúrela en la misma cazuela con la batidora de brazo.

5. Añada el zumo de manzana, remueva y caliente la crema a fuego lento unos 10 minutos.

6. Incorpore la nata y prosiga con la cocción 5 minutos más, removiendo, hasta que se caliente bien. Rectifique la sazón.

7. Reparta la crema entre seis cuencos precalentados, adórnela con cebollino picado y sírvala.

¡GRAN IDEA!

Esta crema le irá muy bien para sacar partido a un exceso de manzanas acumuladas. También puede adornarla con cuñas finas de manzana dulce.

CREMA DE AGUATURMA

PARA: 4-6 PERSONAS

PREPARACIÓN: 15 MINUTOS

COCCIÓN: 45 MINUTOS

INGREDIENTES

55 g/4 cucharadas de mantequilla

2 cebollas picadas

675 g/4½ tazas de aguaturmas (batatas de caña, cotufas, patacas) en rodajas, puestas a remojar para que no se oxiden

850 ml/3½ tazas de caldo de verduras

300 ml/1¼ tazas de leche

sal y pimienta al gusto

PICATOSTES

4 cucharadas de aceite vegetal

2 rebanadas de pan del día anterior, sin la corteza y en dados de 1 cm/½ in

1. Para preparar los picatostes, caliente el aceite a fuego medio en una sartén. Eche el pan en una sola capa y fríalo, agitando la sartén de vez en cuando, hasta que esté dorado y crujiente.

2. Saque los picatostes de la sartén con una espumadera y déjelos escurrir sobre papel de cocina.

3. Derrita la mantequilla a fuego medio en una cazuela y rehogue la cebolla hasta que se ablande.

4. Añada las aguaturmas escurridas y empápelas bien de mantequilla. Tápelo y cuézalo a fuego lento unos 10 minutos.

5. Vierta el caldo, llévelo a ebullición, baje el fuego y cueza la sopa, tapada, 20 minutos.

6. Aparte la sopa del fuego y deje que se enfríe un poco. Tritúrela con la batidora de brazo. Incorpórele la leche, salpimiente y vuelva a calentarla.

7. Reparta la crema entre cuencos precalentados, esparza los picatostes por encima y sírvala enseguida.

¡GRAN IDEA!

Deje enfriar bastante la sopa antes de triturarla para no quemarse con posibles salpicaduras.

CREMA DE TUBÉRCULOS ASADOS CON JENGIBRE

PARA: 4-6 PERSONAS

PREPARACIÓN: 20 MINUTOS

COCCIÓN: 45 MINUTOS

INGREDIENTES

1 cebolla

½ colinabo pequeño

1 boniato (papa dulce, batata)

2 zanahorias

1 patata (papa)

5 cucharadas de aceite de oliva

2 cucharadas de concentrado de tomate

¼ de cucharadita de pimienta

2 dientes de ajo grandes, pelados

2 cucharadas de aceite de cacahuete (cacahuate, maní)

2 trozos de 5 cm/2 in de jengibre, deshebrados

850 ml/3½ tazas de caldo de verduras

½ cucharadita de sal marina

nata (crema) fresca espesa o nata (crema) agria y perejil troceado, para adornar

1. Precaliente el horno a 190 °C (375 °F). Pele la cebolla, el colinabo, el boniato, las zanahorias y la patata, y trocéelos.

2. Mezcle en un bol el aceite de oliva con el concentrado de tomate y la pimienta. Añada las hortalizas y los ajos, y remueva para que se impregnen.

3. Extienda las hortalizas en una fuente refractaria. Áselas en el horno precalentado 20 minutos, o hasta que los ajos se ablanden. Reserve los ajos. Ase las hortalizas de 10 a 15 minutos más, hasta que estén tiernas.

4. Mientras tanto, caliente el aceite de cacahuete a fuego fuerte en una sartén. Fría el jengibre, removiendo, un par de minutos o hasta que esté crujiente. Retírelo enseguida de la sartén y déjelo escurrir sobre papel de cocina. Resérvelo caliente.

5. Triture en el robot de cocina las hortalizas asadas con los ajos hasta obtener un puré.

6. Vierta el puré en una cazuela y añada el caldo. Eche la sal y cuézalo a fuego lento, removiendo, 1 o 2 minutos, o hasta que esté bien caliente.

7. Reparta la crema entre cuencos precalentados y ponga un poco de nata encima. Adórnela con el jengibre crujiente y perejil picado, y sírvala enseguida.

BORSCHT

El *borscht* es una sopa ucraniana de remolacha. Hoy en día se conoce en todo el mundo gracias a los inmigrantes de Europa del Este, que dieron a conocer la receta en el resto de Europa y Estados Unidos.

PARA: 6 PERSONAS   **PREPARACIÓN: 15 MINUTOS**   **COCCIÓN: 1¼ HORAS**

INGREDIENTES

1 cebolla

55 g/4 cucharadas de mantequilla

4 remolachas (betarragas) (unos 350 g/12 oz) en bastoncillos, y 1 rallada

1 zanahoria en bastoncillos

3 ramas de apio en rodajitas

2 tomates (jitomates), pelados, sin las semillas y picados

1,4 litros/6 tazas de caldo de verduras

1 cucharada de vinagre de vino blanco, 1 de azúcar y 2 de eneldo

115 g/1¼ tazas de col (repollo) en juliana

150 ml/⅔ de taza de nata (crema) agria

sal y pimienta al gusto

pan, para servir

1. Corte la cebolla en rodajas. Derrita la mantequilla en una cazuela de base gruesa. Rehogue la cebolla a fuego lento, removiendo de vez en cuando, de 3 a 5 minutos, o hasta que se ablande. Incorpore la remolacha, la zanahoria, el apio y el tomate, y rehogue 4 o 5 minutos más, removiendo.

2. Añada el caldo, el vinagre, el azúcar y 1 cucharada del eneldo picado. Salpimiente. Llévelo a ebullición, baje el fuego y cueza la sopa de 35 a 40 minutos, o hasta que las hortalizas estén tiernas.

3. Incorpore la col, tape la cazuela y cueza la sopa a fuego lento 10 minutos más. Añada la remolacha rallada, con el jugo que haya soltado, y caliéntela otros 10 minutos. Reparta la sopa entre seis cuencos precalentados. Añada la nata agria, esparza el resto del eneldo por encima y sírvala con pan.

¡GRAN IDEA!

La remolacha es rica en compuestos saludables: vitaminas y minerales esenciales, y, además, antioxidantes.

TORTITAS DE PATATA Y MAÍZ CON GUARNICIÓN

PARA: 8 PERSONAS

PREPARACIÓN: 20 MINUTOS, MÁS REPOSO

COCCIÓN: 20 MINUTOS

INGREDIENTES

55 g/½ taza de harina integral

½ cucharadita de cilantro molido

½ cucharadita de semillas de comino

¼ de cucharadita de guindilla (chile, ají picante) molida

½ cucharadita de cúrcuma

¼ de cucharadita de sal

1 huevo

3 cucharadas de leche

350 g/3 patatas (papas) rojas

1-2 dientes de ajo majados

4 cebolletas (cebollas tiernas o de verdeo) picadas

55 g/⅓ de taza de maíz (elote)

aceite vegetal, para freír

ENSALADA DE CEBOLLA Y TOMATE

1 cebolla

225 g/2 tomates (jitomates)

2 cucharadas de cilantro y 2 de menta, picados

2 cucharadas de zumo (jugo) de limón

½ cucharadita de semillas de comino tostadas

¼ de cucharadita de sal

1 pizca de cayena

1. Para preparar la ensalada, corte la cebolla y los tomates en daditos y póngalos en un bol con el resto de los ingredientes. Mezcle bien y deje reposar la ensalada al menos 15 minutos antes de servirla, para que se potencien los sabores.

2. Ponga la harina en un bol, mézclela con las especias y la sal, y haga un hoyo en el centro. Vierta en el hoyo el huevo y la leche, y remueva hasta obtener una pasta más bien espesa.

3. Ralle gruesas las patatas, póngalas en un escurridor y enjuáguelas bien con agua fría. Escúrralas, estrújelas y mézclelas con la pasta, el ajo, la cebolleta y el maíz. Mezcle bien.

4. Caliente abundante aceite en una sartén grande y eche varias cucharadas de la pasta, aplanándola en forma de tortita. Fría la tortita a fuego lento, dándole la vuelta varias veces, 2 o 3 minutos, o hasta que se dore y esté hecha por dentro.

5. Déjela sobre papel de cocina para que se escurra y resérvela caliente mientras fríe el resto. Sirva las tortitas calientes con la ensalada.

SALCHICHAS DE ZANAHORIA CON PURÉ

PARA: 4 PERSONAS   **PREPARACIÓN:** 20 MINUTOS, MÁS ENFRIADO   **COCCIÓN:** 30-35 MINUTOS

INGREDIENTES
SALCHICHAS DE ZANAHORIA

1 cucharada de aceite de oliva

25 g/½ taza de cebolleta (cebolla tierna o de verdeo) picada

1 diente de ajo picado

½ guindilla (chile, ají picante) roja fresca, sin las semillas y bien picada

1 cucharadita de comino molido

450 g/1 lb de zanahoria rallada

½ cucharadita de sal

3 cucharadas de crema de cacahuete (maní) crujiente

25 g/½ taza de cilantro bien picado, y un poco más para adornar

100 g/2 tazas de pan integral recién rallado

harina, para espolvorear

aceite vegetal, para freír

PURÉ DE PATATA

8 patatas (papas) rojas (unos 900 g/2 lb), troceadas

3 cucharadas de leche

55 g/4 cucharadas de mantequilla o margarina

sal y pimienta al gusto

1. Para preparar las salchichas, caliente el aceite de oliva en una cazuela a fuego medio. Rehogue la cebolleta, el ajo, la guindilla y el comino 2 minutos. Agregue la zanahoria y la sal, y mézclelo bien. Tape la cazuela y cuézalo a fuego lento de 6 a 8 minutos, o hasta que la zanahoria esté tierna.

2. Pase las hortalizas rehogadas a un bol, añada la crema de cacahuete y el cilantro, y mézclelo bien. Deje enfriar la pasta y, a continuación, incorpórele el pan rallado.

3. En la encimera espolvoreada con harina, forme 8 salchichas con la pasta. Enfríelas en el frigorífico, pero 1 hora como máximo. Caliente aceite vegetal en una sartén a fuego medio y fría las salchichas 10 minutos, dándoles la vuelta de vez en cuando, hasta que se doren.

4. Mientras tanto, ponga a hervir en una olla agua con un poco de sal. Eche las patatas y, contando desde que vuelva a romper el hervor, cuézalas de 15 a 20 minutos, o hasta que estén hechas y esponjosas. Escúrralas, páselas a un bol y cháfelas bien con la leche y la margarina. Salpimiente.

5. Reparta el puré de patata entre cuatro platos precalentados y ponga encima las salchichas. Adórnelo con cilantro picado y sírvalo.

TORTITAS DE BONIATO

PARA: 4 PERSONAS

PREPARACIÓN: 15 MINUTOS

COCCIÓN: 25 MINUTOS

INGREDIENTES

200 ml/1 taza de leche

50 g/⅓ de taza de harina

50 g/½ taza de harina de garbanzo (chícharo)

1 boniato (papa dulce, batata) pequeño (unos 100 g/3½ oz), rallado

1 cebolla roja pequeña, bien picada

aceite vegetal, para freír

RELLENO

150 g/5½ tazas de hojas tiernas de espinaca en juliana

2 cucharadas de pasas

1 cucharada de aceite de oliva

30 g/¼ de taza de piñones

sal y pimienta al gusto

1. Para preparar el relleno, ponga las espinacas en una cazuela. Añada un chorrito de agua y cuézalas a fuego medio 2 o 3 minutos, o hasta que se ablanden. Páselas a un plato y séquelas bien con papel de cocina para eliminar al máximo el agua. Resérvelas.

2. Para preparar las tortitas, bata en un bol la leche con las harinas. Incorpore el boniato y la cebolla, y mezcle bien.

3. Caliente un poco de aceite a fuego fuerte en una sartén grande y vierta una cuarta parte de la pasta, extendiéndola con el dorso de la cuchara hasta el borde. Fría la tortita 2 o 3 minutos por cada lado, dándole la vuelta con cuidado, hasta que se dore y esté crujiente. Pásela a un plato precalentado forrado con papel de cocina y prepare otras tres.

4. Devuelva las espinacas a la cazuela, añada las pasas, el aceite y los piñones, y caliéntelo a fuego medio. Salpimiente y cuézalo 1 minuto más, o hasta que todo esté bien caliente. Ponga una cuarta parte de las espinacas en una mitad de una tortita. Dóblela por encima. Rellene el resto de tortitas del mismo modo y sírvalas enseguida, antes de que se enfríen.

BUSQUE, COMPARE...

Cuando compre tubérculos, elija con criterio, aunque se los venda el propio agricultor. Está en todo su derecho de escoger lo que más le convenga, no lo que le presionen por llevarse.

Los tubérculos tienen que estar consistentes y despedir un agradable aroma a fresco. Si es posible, tome los que aún tengan restos de tierra, porque actuará de barrera protectora y los conservará en buen estado. Una vez en casa, sacúdalos un poco para que caiga el exceso de tierra, pero no caiga en la tentación de lavarlos.

Si compra tubérculos de supermercado en recipientes de plástico, inspecciónelos atentamente para asegurarse de que no estén magullados y compruebe su consistencia a través del plástico.

AGUATURMAS
Búsquelas: duras, crujientes al partirlas.

Recházelas: blandas, con magulladuras, con la punta partida o seca.

APIONABOS
Búsquelos: de piel algo húmeda, duros, pesados.

Recházelos: con partes blandas, magulladuras o motas marrones.

BONIATOS
Búsquelos: de piel tersa, duros.

Recházelos: blandos, con magulladuras o grietas.

CHIRIVÍAS
Búsquelas: pequeñas y medianas (las grandes son fibrosas), duras.

Recházelas: blandas, con magulladuras, de tacto algo resbaladizo, con grietas o grillos.

COLINABOS
Búsquelos: pequeños y medianos (los grandes son fibrosos), duros, pesados.

Recházelos: blandos, con magulladuras o grietas.

NABOS
Búsquelos: pequeños y medianos, de piel tirante, duros.

Recházelos: piel picada, blandos, con magulladuras.

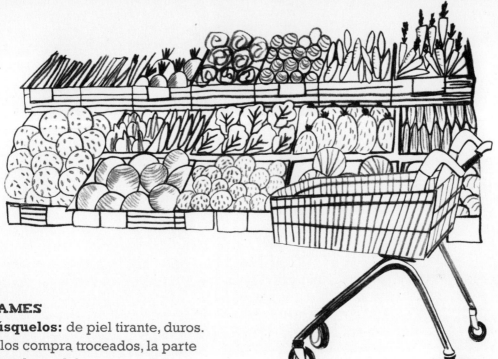

ÑAMES

Búsquelos: de piel tirante, duros. Si los compra troceados, la parte cortada no debe estar mohosa y tienen que ir envueltos en film transparente.

Recházelos: blandos, con magulladuras o grietas, de tacto resbaladizo, con moho.

PATATAS

Búsquelas: de piel tersa, duras.

Recházelas: blandas, con manchas verdes o magulladuras, de tacto resbaladizo, con grietas o grillos.

RÁBANOS

Búsquelos: de piel algo húmeda, duros, mejor con las hojas.

Recházelos: blandos, con magulladuras, grietas o grillos.

REMOLACHAS

Búsquelas: pequeñas y medianas (las grandes son fibrosas), mejor con las hojas, duras.

Recházelas: blandas, con magulladuras o grietas.

ZANAHORIAS

Búsquelas: duras, crujientes al partirlas.

Recházelas: verdosas por arriba, con grietas, raícillas o motas marrones, de tacto resbaladizo, con agujeritos (presencia de insectos).

ESTOFADO DE CARNE Y ÑAME CON CUSCÚS

PARA: 4-6 PERSONAS **PREPARACIÓN: 15 MINUTOS, MÁS ADOBO** **COCCIÓN: 1½ HORAS**

INGREDIENTES

800 g/1¾ lb de aguja de buey (vaca) y 2 cebollas picadas

200 g/1⅓ tazas de ñame en dados

200 g/8 oz de patatas (papas) nuevas partidas por la mitad

400 g/15 oz de garbanzos (chícharos) cocidos, escurridos y enjuagados

400 g/14½ oz de tomate (jitomate) troceado de lata

200 ml/1 taza de vino tinto o agua

sal y pimienta al gusto

ADOBO

2 cucharadas de aceite vegetal, 2 de cilantro picado y 1 de miel

2 ramas de canela

1 cucharadita de pimentón y 1 de comino molido

1 cucharada de harissa

1 cucharadita de sal

CUSCÚS

200 g/1 taza de cuscús

1 cucharada de perejil troceado

1 manojo de cebolleta (cebolla tierna o de verdeo), picada

el zumo (jugo) de 1 limón

2 cucharadas de aceite de oliva

1. Retire la grasa de la carne, córtela en trozos del tamaño de un bocado y póngala en un bol. Añada los ingredientes del adobo y remueva bien. Tape la carne y déjela en adobo en el frigorífico 6 horas o toda una noche.

2. Precaliente el horno a 190 °C (375 °F). Ponga la carne con su adobo en una cazuela que pueda ir al horno y añada la cebolla, el ñame, la patata y los garbanzos. Agregue el tomate y el vino, y remueva bien. Cuézalo en el horno precalentado 1 hora.

3. Sáquelo del horno, remueva y rectifique la sazón. Si se hubiera absorbido todo el líquido, añada un poco de agua para obtener una salsa generosa. Siga cociéndolo en el horno 30 minutos más, o hasta que la carne esté tierna.

4. Mientras tanto, ponga el cuscús en un bol y escáldelo con 250 ml (1 taza) de agua hirviendo. Sálelo y déjelo reposar 5 minutos. Mézclelo con el perejil y la cebolleta, y rocíelo con el zumo de limón y el aceite. Retire la canela del guiso y sírvalo enseguida, con el cuscús.

HAMBURGUESAS DE REMOLACHA

Estas saludables hamburguesas de remolacha y mijo son originarias de Australia. La acidez de la salsa de yogur contrasta con el dulzor de las hortalizas.

PARA: 5 PERSONAS   **PREPARACIÓN: 30 MINUTOS, MÁS ENFRIADO**   **COCCIÓN: 30-40 MINUTOS**

INGREDIENTES

100 g/½ de taza de mijo

175 ml/¾ de taza de agua con un poco de sal

2 remolachas (betarragas) (unos 150 g/5 oz), ralladas gruesas

30 g/⅓ de taza de zanahoria rallada gruesa

1 calabacín (zapallito) (unos 175 g/6 oz), rallado grueso

60 g/½ taza de nueces bien picadas

2 cucharadas de vinagre de manzana

2 cucharadas de aceite de oliva virgen extra, y un poco más

1 huevo

2 cucharadas de maicena

225 ml/1 taza de yogur natural

2 cucharaditas de ajo bien picado

5 panecillos de cereales abiertos

hojas de lechuga

sal y pimienta al gusto

1. Enjuague y escurra el mijo, y póngalo en un cazo con el agua. Llévelo a ebullición a fuego medio, tápelo y cuézalo a fuego lento de 20 a 25 minutos, hasta que esté tierno. Apártelo del fuego y déjelo reposar 5 minutos, tapado.

2. Ponga en un bol la remolacha, la zanahoria, el calabacín y las nueces. Añada el mijo, el vinagre, el aceite, ½ cucharadita de sal y ¼ de cucharadita de pimienta, y mézclelo. Incorpore el huevo y la maicena, remueva y déjelo en el frigorífico 2 horas.

3. Vierta el yogur en un colador fino y luego déjelo escurrir al menos 30 minutos. Mézclelo con el ajo y salpimiente.

4. Divida la pasta de remolacha entre cinco bolas iguales y aplánelas como hamburguesas. Caliente una plancha estriada o una sartén grande a fuego medio y píntela con aceite. Ase las hamburguesas unos 5 minutos por cada lado, dándoles la vuelta con cuidado, hasta que se doren.

5. Unte los panecillos con la salsa de yogur y disponga las hamburguesas y unas hojas de lechuga encima. Sírvalo enseguida.

AGUATURMAS CON SALSA DE TOMATE

La aguaturma, una hortaliza de aspecto poco agraciado, pertenece a la familia del girasol. Aunque puede prepararse de muchas maneras, con una sencilla salsa de tomate recién hecha se disfruta plenamente de todo su sabor.

PARA: 4 PERSONAS

PREPARACIÓN: 10 MINUTOS

COCCIÓN: 30 MINUTOS

INGREDIENTES

450 g/3 tazas de aguaturmas (batatas de caña, cotufas, patacas) en rodajas

el zumo (jugo) de ½ limón

SALSA DE TOMATE

2 cucharadas de aceite de oliva

1 cebolla roja grande, bien picada

2 dientes de ajo bien picados

500 g/3 tazas de tomates (jitomates) pera en miniatura partidos por la mitad

3 tomates (jitomates) secados al sol picados, o 1 cucharada de concentrado de tomate (jitomate)

200 ml/1 taza de vino blanco seco

sal y pimienta al gusto

2 cucharadas de hojas de albahaca picadas, para adornar

1. Ponga las aguaturmas en un bol con el zumo de limón, remueva y resérvelas.

2. Para hacer la salsa, caliente el aceite en una sartén y rehogue la cebolla a fuego lento, removiendo de vez en cuando, 5 minutos. Agregue el ajo y rehogue 2 minutos más. Añada los tomates pera, el picadillo de tomate seco y el vino. Salpimiente la salsa, llévela a ebullición y luego cuézala a fuego lento, sacudiendo la sartén de vez en cuando, 10 minutos.

3. Mientras tanto, ponga a hervir agua con un poco de sal y cueza las aguaturmas de 5 a 8 minutos, hasta que estén tiernas. Escúrralas y páselas a una fuente de servicio precalentada. Nápelas con la salsa de tomate, adórnelo con la albahaca y sírvalo.

37

ESTOFADO DE CARNE Y ÑAME AL GRATÍN

PARA: 4 PERSONAS

PREPARACIÓN: 20 MINUTOS

COCCIÓN: 1¹/₂ HORAS

INGREDIENTES

2 cucharadas de aceite vegetal

2 cebollas picadas

115 g/¾ de taza de zanahoria bien picada

115 g/¾ de taza de colinabo bien picado

450 g/1 lb de carne picada de buey (vaca)

1 cucharadita de romero fresco picado

1 cucharada de perejil picado

1 cucharada de concentrado de tomate (jitomate)

1 cucharada de harina

400 g/14½ oz de tomate (jitomate) troceado de lata

300 ml/1¼ tazas de caldo de carne

½ cucharadita de salsa Worcestershire

unas gotas de tabasco

COBERTURA

900 g/2 lb de ñames en dados

55 g/4 cucharadas de mantequilla

2 puerros (poros) en rodajitas

50 g/½ taza de cheddar curado rallado

sal y pimienta al gusto

1. Caliente el aceite en una sartén grande y rehogue a fuego fuerte la cebolla, la zanahoria y el colinabo 5 minutos, removiendo varias veces, hasta que la cebolla empiece a tomar color. Retire las hortalizas con una espumadera y resérvelas en una fuente. En la misma sartén, sofría la carne a fuego fuerte, removiendo para deshacer los grumos.

2. Eche las hierbas, el concentrado de tomate y la harina. Devuelva las hortalizas reservadas a la sartén y añada el tomate y el caldo. Eche la salsa Worcestershire y unas gotas de tabasco. Llévelo a ebullición, baje el fuego y cuézalo 30 minutos.

3. Mientras tanto, para preparar la cobertura, ponga a hervir en una olla agua con un poco de sal. Cueza el ñame de 15 a 20 minutos, o hasta que esté tierno. Escúrralo, devuélvalo a la olla, añada la mantequilla y cháfelo bien. Salpimiente. Precaliente el horno a 200 °C (400 °F).

4. Pase el estofado a una fuente refractaria y extienda por encima de modo uniforme el puré de ñame. Esparza luego el puerro y, después, el queso. Cuézalo en el horno precalentado de 35 a 40 minutos, o hasta que se dore. Sírvalo enseguida.

PLATOS SACIANTES PARA REPONER FUERZAS

MÁS VALE MAÑA...

Con determinados tubérculos no se sabe muy bien por dónde empezar, pero con cuatro nociones básicas se manejará como un profesional. Aquí le enseñamos a preparar la remolacha y el apionabo.

1. Para preparar una remolacha, córtele las hojas con el cuchillo, dejando unos 2,5 cm (1 in) de tallos.

2. Lave bien la remolacha para eliminar los restos de tierra.

3. Pélela con guantes de goma para no ensuciarse las manos de rojo.

1. Para preparar un apionabo, pélelo con cuidado con un cuchillo afilado o un pelapatatas.

2. Córtelo en dados con un cuchillo grande y afilado.

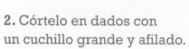

3. Para que el apionabo troceado no se oxide, póngalo en un bol con agua y el zumo de medio limón.

43

SALTEADO DE ZANAHORIA

Una cena rápida y saludable para concluir la larga jornada laboral. Las hortalizas crujientes combinan muy bien con la salsa agridulce.

PARA: 4 PERSONAS

PREPARACIÓN: 10 MINUTOS

COCCIÓN: 10 MINUTOS

INGREDIENTES

2 cucharadas de aceite de girasol

8 zanahorias (unos 450 g/1 lb), ralladas gruesas

2½ puerros (poros) (unos 225 g/ 8 oz), en juliana

los gajos sin pieles de 2 naranjas

2 cucharadas de kétchup

1 cucharada de azúcar demerara u otro azúcar moreno y 2 de salsa de soja clara

100 g/²⁄₃ de taza de cacahuetes (cacahuates, manís) picados

1. Caliente el aceite en un wok grande. Saltee la zanahoria y el puerro 2 o 3 minutos, hasta que empiecen a estar tiernos.

2. Añada la naranja y caliéntela bien, con cuidado de no romper los gajos al remover.

3. Mezcle en un cuenco el kétchup con el azúcar y la salsa de soja.

4. Échelo en el wok y saltee 2 minutos más.

5. Reparta el salteado entre cuatro cuencos pre-calentados y esparza los cacahuetes por encima. Sírvalo enseguida.

¡GRAN IDEA!

La zanahoria es una de las raíces más sanas, y es rica en antioxidantes, que previenen enfermedades. Este salteado es muy saludable porque los ingredientes se hacen enseguida, conservándose así mejor las vitaminas de las hortalizas.

TORTILLA DE PATATA Y FETA A LAS HIERBAS

PARA: 4 PERSONAS

PREPARACIÓN: 10 MINUTOS

COCCIÓN: 35 MINUTOS

INGREDIENTES

250 g/8 oz de patatas (papas) nuevas limpias

85 g/3 oz de espinacas tiernas

5 huevos

1 cucharada de eneldo picado, y un poco más para adornar

1 cucharada de cebollino (cebollín) picado, y un poco más para adornar

115 g/¾ de taza de feta desmenuzado

10 g/½ cucharada de mantequilla

1 cucharada de aceite de oliva

sal y pimienta al gusto

1. Ponga a hervir agua con sal en una cazuela. Eche las patatas y, contando desde que el agua vuelva a hervir, cuézalas 25 minutos, hasta que estén tiernas. Ponga las espinacas en un escurridor y escurra las patatas encima para ablandarlas. Espere a que se enfríen para poder manipularlas.

2. Corte las patatas a lo largo en rodajas de 5 mm (¼ in) de grosor. Estruje las espinacas para que suelten toda el agua posible. Precaliente el gratinador al máximo.

3. Bata un poco los huevos con el eneldo y el cebollino. Sazone con pimienta y añada 85 g (½ taza) del queso. Caliente la mantequilla con el aceite en una sartén de 20 cm (8 in) que pueda ir al horno hasta que se derrita y espume. Rehogue las patatas y las espinacas 1 minuto, removiendo. Vierta el huevo por encima.

4. Cueza la tortilla removiendo a fuego medio 1 minuto, hasta que empiece a cuajar el huevo, y después siga 2 o 3 minutos más sin remover, hasta que cuaje del todo y se dore por abajo. Esparza el resto del queso por encima de la tortilla y gratínela 2 minutos, hasta que se dore por arriba. Sírvala caliente o fría, adornada con eneldo y cebollino.

HUEVOS CON ÑAME Y COLINABO

Un plato sustancioso que combina sabores y texturas para un desayuno fuerte o un almuerzo ligero. Los huevos cascados sobre las hortalizas al final de la cocción están de toma pan y moja.

PARA: 4 PERSONAS

PREPARACIÓN: 15 MINUTOS

COCCIÓN: 30 MINUTOS

INGREDIENTES

3 cucharadas de aceite de oliva
500 g/3 tazas de ñame en dados
280 g/2 tazas de colinabo en dados
1 cebolla picada
175 g/6 oz de panceta curada, en tiras
250 g/3½ tazas de champiñones en láminas
4 huevos
sal y pimienta al gusto
perejil picado, para adornar

1. Caliente el aceite a fuego fuerte en una sartén que tenga tapa. Eche el ñame y el colinabo, remueva para que se empapen bien y salpimiente. Rehogue las hortalizas, removiendo de vez en cuando, de 10 a 15 minutos, o hasta que empiecen a dorarse y ablandarse.

2. Añada la cebolla y la panceta, remueva bien y siga rehogando 5 minutos, hasta que la cebolla esté tierna y la panceta, cocida. Incorpore los champiñones, tape la sartén y rehogue 5 minutos más.

3. Haga cuatro hoyos entre las hortalizas y casque un huevo en cada uno. Tape la sartén y cuézalos 3 o 4 minutos más, o hasta que las claras cuajen pero las yemas aún no. Adórnelo con perejil picado y sírvalo enseguida.

¡GRAN IDEA!

El ñame es muy versátil, pues puede asarse al horno o la plancha, freírse, gratinarse o hervirse. Rallado también es un ingrediente para postres.

GRATINADO DE AGUATURMAS

PARA: 4 PERSONAS

PREPARACIÓN: 15 MINUTOS

COCCIÓN: 45 MINUTOS

INGREDIENTES

750 g/1¾ lb de aguaturmas (batatas de caña, cotufas, patacas)

1 chorrito de zumo (jugo) de limón

4 cucharadas de avellanas peladas y troceadas

40 g/1 taza de chapata rallada gruesa

25 g/2 cucharadas de mantequilla, y un poco más para untar

sal y pimienta al gusto

hortalizas al vapor, para servir

SALSA DE AJO

250 ml/1 taza de nata (crema) extragrasa

7 dientes de ajo grandes un poco majados

1 trozo de piel de limón

1 chorrito de zumo (jugo) de limón

1. Para hacer la salsa, caliente a fuego medio en un cazo la nata con el ajo y la piel de limón. Cuézalo 5 minutos a fuego lento, hasta que se reduzca un poco. Apártelo del fuego y déjelo reposar.

2. Pele las aguaturmas y póngalas en un bol con agua y el zumo de limón. Si fueran grandes, pártalas por la mitad. Póngalas en una cesta para cocer al vapor y cuézalas de 8 a 10 minutos, solo hasta que estén tiernas por las aristas. Déjelas enfriar y córtelas en rodajas gruesas.

3. Cuele la salsa de ajo en un cuenco. A continuación, añada el zumo de limón y salpimiente.

4. Precaliente el horno a 190 °C (375 °F). Unte con mantequilla una fuente refractaria de 2 litros (2 cuartos de galón) de capacidad. Disponga la mitad de las rodajas de aguaturma en la fuente. Salpimiente. Esparza las avellanas por encima, añada el resto de las aguaturmas y vuelva a salpimentar un poco.

5. Nape las aguaturmas con la salsa de ajo. Esparza por encima la chapata rallada y la mantequilla en copos.

6. Cuézalo en el horno precalentado de 30 a 35 minutos, hasta que las aguaturmas estén tiernas y la cobertura, dorada y borboteante. Sírvalo caliente, con unas hortalizas al vapor.

ENSALADA DE APIONABO Y CANGREJO

PARA: 4 PERSONAS

PREPARACIÓN: 15-20 MINUTOS, MÁS ENFRIADO

COCCIÓN: 2 MINUTOS

INGREDIENTES

el zumo (jugo) de 1 limón

450 g/1 lb de apionabo (raíz de apio, apio-rábano) rallado

250 g/9 oz de carne blanca de cangrejo

eneldo o perejil picados, para adornar

ensalada verde, para servir

ALIÑO DE MAYONESA Y MOSTAZA

150 ml/⅔ de taza de mayonesa

1 cucharada de mostaza de Dijon

1½ cucharaditas de vinagre de vino blanco

2 cucharadas de alcaparras bien enjuagadas

sal y pimienta blanca al gusto

1. Para preparar el aliño, ponga la mayonesa en un bol. Añada la mostaza, el vinagre y las alcaparras, salpimiente y bátalo bien con las varillas; la salsa debe quedar picante, con un intenso sabor a mostaza. Tápela y resérvela en el frigorífico.

2. Ponga a hervir en una cazuela agua con un poco de sal. Añada el zumo de limón y escalde el apionabo rallado 1½ o 2 minutos, o hasta que empiece a estar tierno. Escúrralo bien y refrésquelo con agua fría para detener la cocción. Estrújelo con las manos para eliminar toda el agua posible y séquelo con papel de cocina o un paño de cocina limpio.

3. Mezcle el apionabo con el aliño y la carne de cangrejo. Rectifique la sazón. Tápelo y déjelo al menos 30 minutos en la nevera.

4. Cuando vaya a servirla, reparta la ensalada entre cuatro boles, añada ensalada verde y adorne con eneldo o perejil picados.

¡GRAN IDEA!

Como su nombre indica, el apionabo es un tubérculo de la familia del apio, al cual recuerda por su sabor. También queda delicioso en puré.

ESTOFADO DE CORDERO CON NABOS

PARA: 4-6 PERSONAS

PREPARACIÓN: 15-20 MINUTOS

COCCIÓN: 1¼ HORAS

INGREDIENTES

40 g/3 cucharadas de mantequilla

2 cucharadas de aceite de girasol, y quizá un poco más

900 g/2 lb de paletilla de cordero, sin hueso ni grasa y en trozos grandes, con los huesos reservados

2 chalotes (echalotes) bien picados

1 cucharada de azúcar

1 litro/4 tazas de caldo de verduras

2 cucharadas de concentrado de tomate (jitomate)

1 ramillete de hierbas hecho con varias ramitas de perejil y de tomillo, 1 hoja de laurel y 1 ramita de romero

8 patatas (papas) nuevas, limpias y partidas por la mitad si fueran grandes

4 nabos tiernos, en cuartos

12 zanahorias tiernas, raspadas

140 g/1 taza de guisantes (arvejas, chícharos) congelados

sal y pimienta al gusto

perejil picado, para adornar

pan, para servir

1. En una sartén grande, derrita a fuego medio 2 cucharadas de la mantequilla con el aceite. Sofría la carne, por tandas si fuera necesario para evitar que se amontone, hasta que se dore por todo, añadiendo más aceite si hiciera falta. Pásela a una olla.

2. Derrita el resto de la mantequilla con la grasa que haya quedado en la sartén. Rehogue el chalote, removiendo, 3 minutos o hasta que empiece a ablandarse. Esparza el azúcar por encima, suba el fuego y siga removiendo hasta que el chalote se caramelice, con cuidado de que no se queme. Póngalo en la olla con el cordero y retire lo chamuscado del fondo de la sartén. Vierta la mitad del caldo en la sartén, llévelo a ebullición y páselo también a la olla.

3. Añada el resto del caldo, el concentrado de tomate, el ramillete de hierbas y los huesos, si los hubiera. Salpimiente. Tápelo y llévelo a ebullición. Baje el fuego y cuézalo 45 minutos.

4. Añada las patatas, los nabos y las zanahorias, y cuézalo 15 minutos más. Eche los guisantes y cueza el estofado, destapado, de 5 a 10 minutos más, o hasta que la carne y las hortalizas estén tiernas. Retire y deseche los huesos y las hierbas. Rectifique la sazón. Adórnelo con perejil picado y sírvalo con pan.

54

ENSALADA DE REMOLACHA CON PACANAS

Cultivada originariamente por sus hojas, la remolacha es rica en ácido fólico y hierro. Gracias a su intenso colorido, con ella las ensaladas y sopas ganan en atractivo visual.

PARA: 4 PERSONAS

PREPARACIÓN:
10 MINUTOS

COCCIÓN: NINGUNA

INGREDIENTES

3 remolachas (betarragas)
(unos 175 g/6 oz), ralladas
gruesas

8 rábanos en rodajitas

2 cebolletas (cebollas tiernas
o de verdeo) bien picadas

25 g/3 cucharadas de pacanas
(nueces pecán) troceadas

8 hojas de achicoria roja
o endibia roja

ALIÑO

2 cucharadas de aceite
de oliva virgen extra

1 cucharada de vinagre (aceto)
balsámico

2 cucharaditas de crema
de rábano picante

sal y pimienta al gusto

1. Mezcle en un bol la remolacha con el rábano, la cebolleta y las pacanas.

2. En un cuenco, bata con un tenedor todos los ingredientes del aliño. Salpimiéntelo y viértalo por encima de las hortalizas, removiendo para que se impregnen bien.

3. Disponga las hojas de achicoria en una fuente de servicio y reparta por encima la ensalada a cucharadas.

4. Sírvala fría, sola o como guarnición de un plato principal.

MILHOJAS DE CHIRIVÍA Y TOMATE

PARA: 4-6 PERSONAS

PREPARACIÓN: 20 MINUTOS

COCCIÓN: 1 HORA

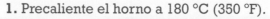

INGREDIENTES

3 cucharadas de aceite de oliva

5 chirivías (pastinacas) (unos 600 g/1,3 lb), en rodajitas

1 cucharadita de hojas de tomillo fresco

1 cucharadita de azúcar

300 ml/1¼ tazas de nata (crema) extragrasa

5 tomates (jitomates) (unos 600 g/1,3 lb), en rodajas finas

1 cucharadita de orégano

150 g/1⅓ tazas de cheddar rallado

sal y pimienta al gusto

1. Precaliente el horno a 180 °C (350 °F).

2. Caliente el aceite a fuego medio en una sartén y eche la chirivía con el tomillo y el azúcar. Salpimiente y rehóguela, removiendo a menudo, de 6 a 8 minutos, hasta que se dore y ablande.

3. Extienda la mitad de la chirivía caramelizada en una fuente refractaria. Añada la mitad de la nata y, después, la mitad de las rodajas de tomate en una capa uniforme. Salpimiente y condiméntelo con la mitad del orégano. Esparza el queso rallado por encima. Haga otra capa de chirivía y otra de tomate. Condiméntelo con el resto del orégano, salpimiente y nápelo con la nata restante. Esparza el resto del queso por encima.

4. Tape la fuente con papel de aluminio y cueza el milhojas en el horno precalentado 40 minutos, o hasta que la chirivía esté tierna. Destape la fuente y cuézalo de 5 a 10 minutos, hasta que se dore y borbotee. Sírvalo enseguida.

ENSALADA DE PATATA Y RÁBANOS

Esta ensalada está inspirada en una receta tradicional de la ciudad italiana de Trento. A veces se sirve con taquitos de queso italiano, como grana padano.

PARA: 4 PERSONAS

PREPARACIÓN: 20 MINUTOS, MÁS REPOSO

COCCIÓN: 35 MINUTOS

INGREDIENTES

300 g/12 oz de patatas (papas) nuevas limpias

200 g/1½ tazas de ramitos de coliflor

4 cucharadas de aceite de oliva virgen extra, y quizá un poco más

1½ cucharadas de vinagre de vino tinto, y quizá un poco más

200 g/1 taza de judías verdes (chauchas, ejotes) troceadas

4 cebolletas (cebollas tiernas o de verdeo) bien picadas

1 rábano en rodajitas

85 g/3 tazas de espinacas tiernas

2 cucharadas de piñones tostados

2 cucharadas de pasas

sal y pimienta al gusto

hojas de achicoria roja y chapata, para servir

1. Ponga a hervir en dos cazuelas agua con un poco de sal. Eche las patatas en una y, contando desde que vuela a romper el hervor, cuézalas de 20 a 25 minutos, hasta que estén tiernas. Eche los ramitos de coliflor en la otra y cuézalos 5 minutos, o hasta que estén al dente.

2. Mientras tanto, ponga el aceite y el vinagre en una ensaladera, salpimiente y bátalo con las varillas.

3. Saque de la cazuela los ramitos de coliflor con la espumadera, sacúdalos para eliminar el agua, póngalos en la ensaladera y remueva.

4. Eche las judías verdes en el agua de cocción de la coliflor y cuézalas 5 minutos, o hasta que estén al dente. Escúrralas bien e incorpórelas a la ensalada.

5. Escurra las patatas y enjuáguelas con agua fría. Pélelas, córtelas en trocitos y añádalos a la ensalada con la cebolleta y el rábano. Compruebe que todas las hortalizas se impregnen bien del aliño y deje reposar la ensalada al menos 1 hora.

6. Antes de servirla, forre una fuente con unas hojas de achicoria roja. Incorpore las espinacas a la ensalada y rectifique la sazón. Añada los piñones y las pasas, y remueva.

7. Reparta la ensalada entre las hojas de achicoria roja y rocíela con el aliño que haya quedado en la ensaladera. Sírvala con chapata para mojar en el aliño.

GRATINADO DE PATATA, BRÉCOL Y CACAHUETES

PARA: 4 PERSONAS

**PREPARACIÓN:
15 MINUTOS**

COCCIÓN: 50 MINUTOS

INGREDIENTES

450 g/1 lb de patatas (papas)
nuevas en rodajas

1 cucharada de aceite de oliva

½ cebolla pequeña, bien picada

400 ml/1¾ tazas de leche
de coco

8 cucharadas de crema de
cacahuete (cacahuate, maní)
crujiente

1 cucharada de salsa de soja

2 cucharaditas de azúcar

½ cucharadita de pimienta roja
majada

200 g/3 tazas de ramitos
de brécol (brócoli)

60 g/½ taza de cacahuetes
(cacahuates, manís) sin sal

2 cucharaditas de margarina
derretida

sal y pimienta al gusto

1. Precaliente el horno a 190 °C (375 °F).

2. Ponga a hervir en una olla agua con un poco de
sal. Eche las patatas y, contando desde que vuelva
a romper el hervor, cuézalas de 8 a 10 minutos,
o hasta que se ablanden un poco. Escúrralas y
resérvelas.

3. Caliente el aceite a fuego medio en una cazuela.
Sofría la cebolla 2 minutos y, después, añada la
leche de coco, la crema de cacahuete, la salsa de
soja, el azúcar y la guindilla. Llévelo a ebullición y
mézclelo bien. Baje el fuego y cuézalo 5 minutos.

4. Mientras tanto, cueza el brécol en una vaporera
4 o 5 minutos, hasta que esté al dente.

5. Incorpore el brécol y los cacahuetes a la salsa,
salpimiente y páselo a una fuente refractaria
cuadrada.

6. Extienda las rodajas de patata por encima,
riéguelo con la margarina derretida y sazone
con pimienta. Cuézalo en el horno precalentado
de 20 a 25 minutos, o hasta que la patata se dore.
Déjelo reposar 5 minutos antes de servir.

ATÚN MARINADO CON ENSALADA DE RÁBANOS

Como las hortalizas encurtidas tradicionales de Japón, los rábanos y el pepino se maceran en una deliciosa salsa agridulce que combina especialmente bien con el atún.

PARA: 4 PERSONAS

PREPARACIÓN: 15 MINUTOS, MÁS MARINADO

COCCIÓN: 10 MINUTOS

INGREDIENTES

4 filetes de atún de 150 g/5 oz

1 cucharada de semillas de sésamo

arroz blanco, para servir (opcional)

MARINADA

2 cucharadas de salsa de soja oscura

2 cucharadas de aceite de girasol

1 cucharada de aceite de sésamo

1 cucharada de vinagre de arroz

1 cucharadita de jengibre rallado

ENSALADA

½ pepino pelado

1 manojo de rábanos rojos

1. Ponga el atún en una fuente y esparza el sésamo por encima, presionándolo con el dorso de una cuchara para que se pegue.

2. Para hacer la marinada, bata todos los ingredientes. Reserve 3 cucharadas en un bol. Vierta el resto sobre el atún y dele la vuelta para que se impregne bien. Tápelo y déjelo macerar en el frigorífico 1 hora.

3. Corte el pepino y los rábanos en rodajas finas y póngalos en el bol de la marinada reservada. Remueva bien la ensalada, tápela y resérvela en el frigorífico.

4. Caliente a fuego fuerte una sartén grande de base gruesa. Ase el atún 3 o 4 minutos por cada lado, según el grosor de los filetes. Sírvalo enseguida con la ensalada de pepino y rábano y, si lo desea, un arroz blanco.

¡GRAN IDEA!

Ase el atún en una plancha estriada para marcarlo. También puede asarlo a la barbacoa.

SALTEADO DE POLLO Y COLINABO

PARA: 4 PERSONAS

PREPARACIÓN: 15 MINUTOS, MÁS ADOBO

COCCIÓN: 15-20 MINUTOS

INGREDIENTES

4 pechugas de pollo de 115 g/4 oz, sin el hueso ni la piel

3 cucharadas de aceite vegetal

½ colinabo rallado

3 pimientos (ajís) rojos, naranjas o amarillos, sin las semillas y en tiras finas

4 nidos de fideos chinos al huevo

cilantro picado, para adornar

ADOBO

1 guindilla (chile, ají picante) roja, sin las semillas y bien picada

1 trozo de jengibre de 2,5 cm/1 in, rallado

2 dientes de ajo bien picados

2 cucharadas de kétchup

2 cucharadas de salsa de ciruela china

2 cucharadas de salsa de soja oscura

1. Corte las pechugas en trozos del tamaño de un bocado y póngalos en un bol. Añada todos los ingredientes del adobo y remueva para que el pollo se empape bien. Déjelo macerar a temperatura ambiente 15 minutos o en el frigorífico hasta 3 horas.

2. Caliente 1 cucharada del aceite en un wok o una sartén grande y eche el colinabo y el pimiento. Saltee las hortalizas de 8 a 10 minutos, o hasta que empiecen a ablandarse. Con una espumadera, páselas a una fuente precalentada.

3. Caliente el resto del aceite en el wok y eche el pollo con su adobo. Saltéelo 4 o 5 minutos, o hasta que esté hecho por dentro. Devuelva las hortalizas al wok y siga salteando para calentarlas.

4. Mientras tanto, ponga agua a hervir en un cazo y eche los fideos. Contando desde que el agua vuelva a hervir, cuézalos 3 minutos, o según las indicaciones del envase. Escúrralos y repártalos entre cuatro cuencos. Añada el salteado y adórnelo con cilantro. Sírvalo enseguida.

DÍAS DE FIESTA

RAVIOLIS DE BONIATO CON MANTEQUILLA DE SALVIA

PARA: 4 PERSONAS

PREPARACIÓN: 30 MINUTOS, MÁS ENFRIADO

COCCIÓN: 30 MINUTOS

INGREDIENTES

400 g/3¼ tazas de harina
4 huevos batidos
sémola fina, para espolvorear
sal

RELLENO

3 boniatos (papas dulces, batatas) (unos 500 g/1 lb)
3 cucharadas de aceite de oliva
1 cebolla grande, bien picada
1 diente de ajo majado
1 cucharadita de tomillo fresco picado
2 cucharadas de miel fluida
sal y pimienta al gusto

MANTEQUILLA DE SALVIA

50 g/4 cucharadas de mantequilla
1 manojo de hojas de salvia bien picadas, y unas hojas enteras para adornar

1. Para preparar la pasta, tamice la harina en un bol o en el robot de cocina. Vierta el huevo y mézclelo con la harina hasta obtener una masa suave, pero no pegajosa. En la encimera espolvoreada con un poco de sémola, trabájela 4 o 5 minutos, hasta que esté homogénea. Tápela con film transparente y déjela en el frigorífico al menos 30 minutos.

2. Para hacer el relleno, pele los boniatos y trocéelos. Cuézalos en agua hirviendo 20 minutos, o hasta que estén tiernos. Escúrralos y cháfelos.

3. Caliente el aceite a fuego medio en una sartén y sofría la cebolla, removiendo, 4 o 5 minutos, hasta que esté blanda pero no dorada. Incorpore la cebolla al puré de boniato y añada el ajo y el tomillo. Rocíelo con la miel y salpimiente. Reserve el relleno.

4. Con una máquina de hacer pasta, extienda la masa en una lámina de 1 mm ($^1/_{32}$ in) de grosor, o extiéndala con el rodillo en la encimera espolvoreada con un poco de sémola.

5. Parta la lámina de masa por la mitad. Ponga en una de las porciones cucharaditas del relleno, a intervalos regulares. Pinte la masa con un poco de agua alrededor del relleno y ponga la otra placa encima. Presione un poco alrededor del relleno para que no se salga y, con un cuchillo afilado o un cortapastas de rueda, corte raviolis cuadrados.

Vaya colocándolos encima de una hoja de papel vegetal espolvoreada con sémola.

6. Ponga a hervir agua con sal en una cazuela y sumerja los raviolis. Cuézalos 2 o 3 minutos, hasta que floten y estén al dente.

7. Mientras tanto, prepare la mantequilla de salvia: derrita la mantequilla con la salvia en un cazo a fuego lento.

8. Escurra los raviolis y, enseguida, mézclelos con la mantequilla de salvia. Sírvalos de inmediato, adornados con hojas de salvia.

REMOLACHA A LA PAPILLOTE CON POLENTA

PARA: 4 PERSONAS   **PREPARACIÓN:** 15 MINUTOS, MÁS ENFRIADO   **COCCIÓN:** 2 HORAS

INGREDIENTES

aceite de oliva, para untar

8 remolachas (betarragas) pequeñas, partidas por la mitad

4 ramitas de tomillo fresco

4 cucharadas de rábano picante rallado, fresco o de lata

125 g/1 barra de mantequilla sin sal

escamas de sal marina y pimienta

rúcula, para servir

POLENTA

850 ml/3½ tazas de agua

175 g/1¼ tazas de polenta instantánea

1 cucharadita de sal

1. Para preparar la polenta, ponga el agua a hervir en una cazuela. Sin dejar de remover, vierta la polenta poco a poco y eche la sal. Cueza la polenta a fuego lento, removiendo a menudo, el tiempo indicado en el envase o hasta que se desprenda de las paredes del cazo.

2. Engrase una fuente refractaria pequeña. Pase la polenta a la fuente, alísela con una espátula y deje que se enfríe.

3. Precaliente el horno a 190 °C (375 °F). Embadurne bien las remolachas con aceite.

4. Coloque cuatro medias remolachas y una ramita de tomillo en un cuadrado de papel de aluminio grueso. Salpimiente. Envuélvalo, sin apretar mucho, y remeta los bordes. Haga lo mismo con el resto de las remolachas y ponga los paquetitos en la bandeja del horno.

5. Ase la remolacha en el horno precalentado 1 hora, o hasta que empiece a estar tierna.

6. Mientras tanto, chafe el rábano picante con la mantequilla, ½ cucharadita de sal y ¼ de cucharadita de pimienta. Ponga la mantequilla condimentada en un trozo de film transparente, envuélvala dándole forma de rollo y déjela en el frigorífico.

7. Precaliente el gratinador al máximo. Corte la polenta en cuatro rectángulos. Póngala en la fuente del gratinador, píntela con aceite y gratínela 5 minutos. Dele la vuelta y gratínela 3 minutos más, hasta que esté crujiente.

8. Ponga la polenta en los platos. Coloque encima la remolacha y una rodaja de mantequilla de rábano picante. Adórnelo con un poco de rúcula y sírvalo enseguida.

ECHANDO RAÍCES

La falta de experiencia y espacio no es excusa para no cultivar tubérculos en casa. Si dispone de un balcón o un patio, plántelos en recipientes hondos llenos de sustrato, como un jarrón alto de terracota, o incluso un cubo. Si elige variedades coloridas, sus hortalizas parecerán plantas ornamentales. Póngalas en un lugar lo más soleado posible.

QUÉ CULTIVAR

Evite los tubérculos que tardan una eternidad en madurar, como el colinabo o la chirivía. Si tiene poco tiempo libre, prescinda también de las plantas que requieran atención, como el apionabo y el salsifí. Ante todo, plantéese qué le gusta más. Los rábanos son fáciles de cultivar, pero para qué va a plantarlos si no se los va a comer. Lo más son los cultivares de crecimiento rápido que cuesta encontrar en la tienda y puedan dar un buen rendimiento con poco espacio.

La **remolacha** es una opción sensata para un principiante, con la ventaja añadida de que además se comen las hojas. Las raíces crecen deprisa, pueden comerse de cualquier tamaño y son de colores muy llamativos. Dejará boquiabiertos a sus invitados con los cultivares dorados o con círculos concéntricos rosas y blancos, como piruletas. Plántelas a principios de primavera para

recolectarlas a mediados de verano, y siga plantándolas cada mes hasta mediados de verano. En realidad, las semillas de remolacha son un fruto que contiene dos o tres semillas. De cada fruto pueden brotar varias plántulas, formando ramilletes que hay que ir aclarando. Reserve las más pequeñas para ensaladas y deje que las más fuertes sigan creciendo. Estarán listas en de 9 a 12 semanas. Las últimas remolachas de la temporada pueden aguantar hasta el invierno tapadas con paja o con una malla protectora.

La **zanahoria** es otro cultivo agradecido, y uno de los que están más ricos. Las hay de formas, tamaños y colores muy variados: rectas o ahusadas, achaparradas o alargadas, y, si no le gusta el color naranja, blancas, violetas y amarillas. En los catálogos encontrará muchas opciones. Pero las zanahorias son quisquillosas con la tierra. Si hay poca profundidad, los cultivares largos tienden a atrofiarse, mientras que los redondos prosperan sin problemas. Si va a plantar cultivares de raíz larga, hágalo en recipientes altos. Plante las zanahorias a finales de invierno para recolectar a finales de primavera. Podrá empezar a arrancarlas en cuanto sean lo bastante grandes como para poder comerlas.

PASTEL DE COLINABO CARAMELIZADO Y JAMÓN

PARA: 4 PERSONAS

PREPARACIÓN: 10 MINUTOS

COCCIÓN: 1 HORA

INGREDIENTES

600 g/1¼ lb de jamón en dulce en dados

85 g/6 cucharadas de mantequilla

2 cebollas picadas

450 g/3 tazas de colinabo en dados

1 cucharadita de salvia picada

25 g/3 cucharadas de harina, y un poco más para espolvorear

600 ml/2½ tazas de leche

1 lámina de hojaldre, descongelada si fuera necesario

huevo batido, para glasear

sal y pimienta al gusto

1. Reserve el jamón en un bol grande. Derrita a fuego medio en una sartén grande 55 g (4 cucharadas) de la mantequilla. Eche la cebolla, el colinabo y la salvia, y salpimiente. Rehogue las hortalizas a fuego medio-fuerte de 35 a 40 minutos, dándoles la vuelta de vez en cuando con una espátula, hasta que se doren.

2. Mientras tanto, derrita el resto de la mantequilla en un cazo a fuego medio. Añada la harina y fríala, removiendo, 1 o 2 minutos. Sin dejar de remover, vierta la leche poco a poco para obtener una bechamel sin grumos. Apártela del fuego y salpiméntela.

3. Precaliente el horno a 220 °C (425 °F). Extienda el hojaldre en la encimera espolvoreada con harina, en un rectángulo algo más grande que la boca de una fuente refractaria con reborde de 26 x 18 cm (10½ x 7 in).

4. Cuando las hortalizas estén caramelizadas, mézclelas con el jamón, vierta la bechamel y mezcle con suavidad. Vierta el relleno en la fuente, pinte el reborde con huevo batido y, después, coloque el hojaldre encima. Presiónelo bien, recorte el que sobre y, si lo desea, aprovéchelo para hacer unos adornos. Pinte el hojaldre con huevo batido y cueza el pastel en el horno de 15 a 20 minutos, o hasta que se hinche y se dore. Sírvalo enseguida.

ÑOQUIS DE PATATA CON PESTO DE NUECES

PARA: 4 PERSONAS

PREPARACIÓN: 30 MINUTOS

COCCIÓN: 45 MINUTOS

INGREDIENTES

450 g/4 patatas (papas) rojas lavadas, pero no peladas

55 g/⅔ de taza de parmesano recién rallado

1 huevo batido

200 g/1⅔ tazas de harina, y un poco más para espolvorear

sal y pimienta al gusto

PESTO DE NUECES

40 g/1 taza de perejil picado

2 cucharadas de alcaparras, enjuagadas y picadas

2 dientes de ajo picados

175 ml/¾ de taza de aceite de oliva virgen extra

70 g/¾ de taza de nueces en mitades

40 g/½ taza de parmesano recién rallado

sal y pimienta al gusto

1. Ponga a hervir agua con sal en una olla. Eche las patatas y, contando desde que el agua vuelva a hervir, cuézalas de 30 a 35 minutos, hasta que estén tiernas. Escúrralas bien y déjelas enfriar un poco.

2. Mientras tanto, para preparar el pesto, ponga el perejil, las alcaparras y el ajo en el mortero con el aceite y las nueces, y salpimiente. Májelo hasta obtener una pasta gruesa. Añada el queso y remueva.

3. Cuando las patatas se hayan enfriado lo suficiente como para poder manipularlas, pélelas y tritúrelas en un bol, pasándolas por un tamiz o con un pasapurés. Antes de que se enfríe, salpimiente el puré y añádale el queso.

4. Incorpore el huevo y tamice la harina por encima. Mezcle solo hasta ligar la masa y luego, en la encimera espolvoreada con harina, trabájela un poco, hasta que esté homogénea. Si quedara demasiado pegajosa, añádale un poco más de harina.

5. Con las manos, extienda la pasta en la encimera espolvoreada con harina, en forma de un rollo fino.

6. Córtelo en trozos de 2,5 cm (1 in) y presiónelos con suavidad con las púas de un tenedor para darles el aspecto acanalado tradicional. Ponga los ñoquis en la bandeja del horno espolvoreada con harina y tápelos con un paño de cocina.

7. Ponga a hervir en una olla agua con un poco de sal. En tandas, eche los ñoquis y cuézalos 1 o 2 minutos.

8. Sáquelos del agua con la espumadera y póngalos en una fuente caliente para que no se enfríen mientras cuece el resto. Reparta los ñoquis en cuatro platos precalentados y ponga una cucharada colmada de pesto en cada uno.

TARTA TATIN DE ZANAHORIA

PARA: 4 PERSONAS

PREPARACIÓN: 15 MINUTOS

COCCIÓN: 45 MINUTOS

INGREDIENTES

600 g/1¼ lb de zanahorias tiernas, en trozos de 2,5 cm/1 in

2 cucharadas de miel

25 g/2 cucharadas de mantequilla

1 manojito de tomillo fresco, picado

1 lámina de hojaldre, descongelada si fuera necesario

harina, para espolvorear

sal y pimienta al gusto

1. Ponga a hervir en una olla agua con un poco de sal. Eche la zanahoria y, contando desde que el agua vuelva a hervir, cuézala de 10 a 15 minutos, hasta que empiece a estar tierna. Escúrrala, mézclela con la miel, la mantequilla y el tomillo, y salpimiente.

2. Precaliente el horno a 200 °C (400 °F). Extienda la zanahoria en un molde para tarta de 20 cm (8 in) de diámetro y 3 cm (1¼ in) de profundidad. Cuézala en el horno precalentado 15 minutos, hasta que se caramelice. Saque el molde del horno, pero no lo apague.

3. Extienda el hojaldre en la encimera espolvoreada con harina, en un redondel lo bastante grande como para cubrir el molde y dejar un contorno de 2 cm (¾ in). Con cuidado, extiéndalo sobre la zanahoria y remeta el contorno junto a la pared del molde. Cueza la tarta en el horno 15 minutos, o hasta que el hojaldre se hinche y se dore.

4. Saque la tarta del horno y vuélquela en un plato para desmoldarla.

5. Corte la tarta en porciones y sírvala enseguida.

GRATINADO DE CHIRIVÍA CON SALSA DE JENGIBRE

Esta receta no es complicada, pero está muy rica y tiene un aspecto estupendo, por lo que es ideal para una fiesta. Mientras el horno hace buena parte del trabajo, usted podrá preparar el resto de la comida.

PARA: 4 PERSONAS

PREPARACIÓN: 15 MINUTOS

COCCIÓN: 40 MINUTOS

INGREDIENTES

mantequilla, para untar

3 chirivías (pastinacas) grandes (750 g/1¾ lb en total), en rodajitas

425 ml/2 tazas de nata (crema) extragrasa

250 ml/1 taza de caldo de verduras

1 diente de ajo majado

1 trozo de jengibre de 2,5 cm/1 in, pasado por la prensa de ajos

¼ de cucharadita de pimienta blanca recién molida

$^1/_8$ de cucharadita de nuez moscada recién rallada, y un poco más para adornar

sal marina al gusto

cebollino (cebollín) picado, para adornar

1. Unte con un poco de mantequilla una fuente refractaria grande. Ponga la chirivía en una vaporera colocada encima de una olla con agua hirviendo. Cuézala 3 minutos, hasta que empiece a estar tierna, sacudiéndola a mitad de la cocción. Pásela a la fuente y sazónela con un poco de sal.

2. Precaliente el horno a 180 °C (350 °F). En una cazuela, caliente a fuego lento la nata con el caldo, el ajo y el jengibre. No deje que hierva. Sazone la salsa con la pimienta, la nuez moscada y sal marina.

3. Nape la chirivía con la salsa caliente. Tape la fuente con papel de aluminio y cuézalo en el horno precalentado 20 minutos, sobre la bandeja por si goteara.

4. Retire el papel y cuézalo de 15 a 20 minutos más, hasta que se dore.

5. Adórnelo con una nuez moscada y cebollino picado, y sírvalo enseguida.

RISOTTO DE REMOLACHA CON BOGAVANTE

PARA: 4 PERSONAS **PREPARACIÓN: 15 MINUTOS** **COCCIÓN: 30 MINUTOS**

INGREDIENTES

1,5 litros/6 ⅓ tazas de caldo de pollo o de verduras

25 g/2 cucharadas de mantequilla

2 cucharadas de aceite de oliva

1 cebolla pequeña, en dados

280 g/1½ tazas de arroz *arborio*

100 ml/½ taza de vino blanco seco

5 remolachas (betarragas) pequeñas, ralladas

1 cucharadita de crema de rábano picante

el zumo (jugo) de ½ limón

175 g/6 tazas de espinacas tiernas

225 g/8 oz de carne de bogavante o de cangrejo

115 g/½ taza de parmesano recién rallado

sal y pimienta al gusto

nata (crema) fresca espesa, para servir

1. Lleve el caldo a ebullición en una cazuela y, después, baje el fuego y manténgalo borboteando. Mientras tanto, en otra cazuela, caliente a fuego medio la mantequilla con el aceite y rehogue la cebolla 3 minutos. Eche el arroz y remueva para que se empape bien. Rehogue 2 minutos más. Eche el vino y deje que el arroz lo absorba, unos 2 minutos.

2. Añada la remolacha y remueva. Vierta 2 cucharones de caldo sobre el arroz, tápelo y cuézalo unos 2 minutos, o hasta que lo absorba. Mezcle bien y agregue otro cucharón de caldo. Remueva sin parar hasta que el arroz lo embeba y, a continuación, añada otro cucharón. Siga añadiendo caldo a cucharones hasta que se haya absorbido todo y el arroz esté tierno.

3. Incorpore la crema de rábano picante y el zumo de limón, y, después, añada las espinacas y salpimiente. Reparta el risotto entre cuatro boles precalentados, añada el bogavante y el queso, y sírvalo enseguida, con nata.

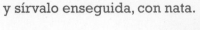

TARTA DE TUBÉRCULOS AL ROMERO

Una forma original de servir una selección de tubérculos, sutilmente aromatizados con romero y limón para que el resultado sea sin duda especial.

PARA: 4 PERSONAS

PREPARACIÓN: 15-20 MINUTOS

COCCIÓN: 1 HORA

INGREDIENTES

aceite, para untar

3 chirivías (pastinacas) ralladas gruesas

5 zanahorias ralladas gruesas

½ apionabo (raíz de apio, apio-rábano) rallado grueso

1 cebolla rallada gruesa

2 cucharadas de romero fresco picado

3 cucharadas de zumo (jugo) de limón

sal y pimienta al gusto

romero, para adornar

1. Precaliente el horno a 190 °C (375 °F). Unte con aceite un molde para tarta de 20 cm (8 in) de diámetro y fórrelo con papel vegetal.

2. Ponga la chirivía, la zanahoria y el apionabo en cuencos separados.

3. En otro cuenco, mezcle la cebolla con el romero y el zumo de limón. Añada una tercera parte de la cebolla condimentada a cada cuenco, salpimiente y remueva bien.

4. Extienda la chirivía en el molde, en una capa uniforme, apretándola un poco. Forme otra capa con la zanahoria, apretándola del mismo modo, y una tercera con el apionabo.

5. Tape la tarta con papel de aluminio un poco engrasado y presione para compactar las capas de hortalizas. Remételo en el contorno del molde. Cueza la tarta en la bandeja del horno, 1 hora o hasta que esté tierna.

6. Destape la tarta y desmóldela en un plato precalentado. Déjela enfriar 5 minutos y, después, córtela en porciones, adórnela con romero y sírvala.

PATATAS GUISADAS

PARA: 4 PERSONAS

PREPARACIÓN: 20 MINUTOS

COCCIÓN: 1 HORA

INGREDIENTES

700 g/1,5 lb de patatas (papas) blancas o rojas, en dados de 2,5 cm/1 in

25 g/2 cucharadas de mantequilla

2 cucharadas de aceite de oliva

55 g/2 oz de panceta curada, en daditos

1 cebolla bien picada

1 diente de ajo bien picado

1 rama de apio bien picada

400 g/14½ oz de tomate (jitomate) troceado de lata

2 cucharadas de concentrado de tomate (jitomate)

azúcar moreno al gusto

1 cucharada de mejorana picada

100 ml/½ taza de caldo de verduras

sal y pimienta al gusto

1. Ponga a hervir agua con sal y escalde las patatas 5 minutos. Escúrralas y resérvelas.

2. En una cazuela, derrita la mantequilla con el aceite. Rehogue la panceta, la cebolla, el ajo y el apio a fuego lento, removiendo de vez en cuando, 5 minutos o hasta que se ablanden. Añada el tomate, el concentrado, azúcar, la mejorana y el caldo, y salpimiente. Suba el fuego a fuego medio y llévelo a ebullición. Eche con cuidado las patatas, baje el fuego, tape la cazuela y cuézalo, removiendo de vez en cuando, de 45 a 50 minutos, hasta que las patatas estén tiernas y la salsa, espesa. (Para no deshacer los dados de patata, remueva con un tenedor).

3. Rectifique la sazón. Reparta el guiso entre cuatro boles precalentados y sírvalo enseguida.

CERDO AL HORNO CON APIONABO A LA NARANJA

Durante los fríos meses de invierno, en muchas regiones de China son típicos este tipo de platos al horno. La naranja, el anís estrellado y la salsa de soja con guindilla les van de maravilla al cerdo y el apionabo.

PARA: 4 PERSONAS

PREPARACIÓN: 20 MINUTOS, MÁS ADOBO

COCCIÓN: 2¹/₄ HORAS

INGREDIENTES

900 g/2 lb de paletilla de cerdo en dados

3 cucharadas de aceite de oliva

500 g/1 lb de apionabo (raíz de apio, apio-rábano), en bastoncillos de 5 cm/2 in

2 puerros (poros) pequeños, en bastoncillos de 5 cm/2 in

3 zanahorias, en bastoncillos de 5 cm/2 in

200 ml/1 taza de caldo de pollo

arroz blanco, para servir

ADOBO

tiras muy finas de piel (cáscara) y el zumo (jugo) de 1 naranja

1-2 vainas de anís estrellado

2 cucharadas de salsa de soja oscura y 1 de miel

1 trozo de jengibre de 2,5 cm/ 1 in, rallado

3 dientes de ajo bien picados

2 cucharadas de salsa de soja con guindilla (chile, ají picante)

1. Ponga la carne en un bol. Añada los ingredientes del adobo, remueva bien, tape el bol y deje la carne en el frigorífico 3 horas, o toda una noche.

2. Precaliente el horno a 120 °C (250 °F). Con una espumadera, saque la carne del adobo y póngala en un plato. Deseche la piel de naranja y el anís estrellado. Reserve el adobo.

3. Caliente 1 cucharada del aceite en una sartén grande y rehogue la mitad de la carne 2 minutos; dele la vuelta y hágala 2 minutos más por el otro lado.

4. Reserve la carne con sus jugos en una fuente refractaria. Caliente otra cucharada del aceite en la sartén, sofría el resto del cerdo y resérvelo.

5. Caliente el resto del aceite en la sartén y rehogue el apionabo, el puerro y la zanahoria, removiendo de vez en cuando, hasta que el puerro se ablande.

6. Pase las hortalizas a la fuente, cuele el adobo por encima y vierta el caldo. Tape la fuente y cuézalo en el horno precalentado 1 hora.

7. Remueva el guiso, vuelva a tapar la fuente y cuézalo en el horno 1 hora más. Sírvalo con arroz blanco.

¿CÓMO LO HAGO?

Según cómo se cocinan, los tubérculos adquieren unos sabores y texturas u otros. Sea cual sea el método, todas las piezas deben ser de tamaño similar, enteras o en trozos, para que se hagan por igual. Una vez pelados, sumerja las patatas, los apionabos y las chirivías en un bol con agua para que no se oxiden.

AL VAPOR

Una alternativa saludable al hervido y una técnica práctica para ablandar un poco los tubérculos antes de asarlos al horno o a la plancha. Al no estar en contacto directo con líquido, no absorben agua y conservan buena parte de sus nutrientes. Si no lo ha probado nunca, compre una cesta para cocer al vapor acoplable a distintos diámetros de cazuela.

HERVIDOS

Es el método de cocción más sencillo para la mayoría de los tubérculos, pero tenga en cuenta que la acción turbulenta del líquido borboteando a fuego vivo puede deshacer los más feculentos, como las aguaturmas, los ñames y las patatas harinosas. Es mejor echarlos en el agua fría y bajar el fuego en cuanto hierva para que se cuezan despacio.

A LA PLANCHA

Este método es ideal para los tubérculos más densos, como el colinabo o el apionabo. Cuézalos un poco al vapor, y luego córtelos en rodajas gruesas y píntelos con aceite. Necesitará una plancha gruesa de hierro fundido, si es posible estriada para marcar los vegetales. El fuego directo sellará los poros para que los jugos no se escapen y creará una capa crujiente por fuera.

REHOGADOS

Los tubérculos de aspecto algo anémico cobran vida con un buen rehogado. Adquieren más sabor y una textura crujiente, y se van caramelizando. Córtelos en rodajas y rehóguelos en una cazuela grande. Tenga en cuenta que si la llena demasiado, se cocerán al vapor en lugar de quedar dorados y crujientes.

AL HORNO

El calor seco del horno carameliza los azúcares naturales de los tubérculos, dorándolos y dejándolos melosos. Áselos holgadamente en una fuente refractaria llana en lugar de en una estrecha y honda para que el calor circule libremente.

POLLO CON AGUATURMAS A LA CREMA

PARA: 2 PERSONAS

PREPARACIÓN: 15 MINUTOS

COCCIÓN: 25 MINUTOS

INGREDIENTES

25 g/2 cucharadas de mantequilla

1 cebolla picada

200 g/1⅓ tazas de aguaturmas (batatas de caña) en rodajas

200 ml/1 taza de agua

100 ml/½ taza de vino blanco

2 ramitas de estragón fresco, o ½ cucharadita si es seco

2 pechugas de pollo sin el hueso ni la piel de 115 g/4 oz

1 cucharadita de mostaza de Dijon

3 cucharadas de nata (crema) fresca espesa

sal y pimienta al gusto

estragón, para adornar (opcional)

arroz blanco, para servir

1. Derrita la mantequilla en una sartén grande a fuego medio y rehogue la cebolla 4 o 5 minutos, hasta que se ablande. Añada las aguaturmas, el agua, el vino y el estragón. Llévelo a ebullición, baje el fuego y cuézalo, tapado, 5 minutos o hasta que las aguaturmas empiecen a estar tiernas.

2. Parta cada pechuga en cuatro trozos y añádalos a la sartén. Salpimiente y siga cociéndolo, removiendo, 10 minutos o hasta que el pollo esté hecho.

3. Retire las ramitas de estragón e incorpore la mostaza y la nata. Suba el fuego y deje que la salsa borbotee y se espese. Reparta el guiso entre dos platos precalentados y, si lo desea, adórnelo con estragón picado. Sírvalo enseguida, con arroz blanco.

2

3

CURRY DE BONIATO CON LENTEJAS

Este curry de boniato es nutritivo y saciante, ideal para los amantes de las especias con buen apetito. El boniato es rico en carotenos, baja el colesterol y es perfecto para las dietas de adelgazamiento porque mantiene el hambre a raya.

PARA: 4 PERSONAS **PREPARACIÓN: 15 MINUTOS** **COCCIÓN: 45 MINUTOS**

INGREDIENTES

1 cucharadita de aceite vegetal

100 g/3½ oz de boniato (papa dulce, batata) troceado

75 g/2½ oz de patata (papa) blanca o roja, en trozos del tamaño de un bocado

1 cebolla pequeña bien picada

1 diente de ajo pequeño, bien picado

1 guindilla (chile, ají picante) verde pequeña, sin las semillas y picada

½ cucharadita de jengibre molido

50 g/¼ de taza de lentejas verdes

75-100 ml/⅓-½ taza de caldo de verduras caliente

½ cucharadita de *garam masala*

1 cucharada de yogur natural

pimienta al gusto

1. Caliente el aceite en una cazuela con tapa y rehogue el boniato a fuego medio 5 minutos, removiendo de vez en cuando.

2. Mientras tanto, cueza la patata en agua hirviendo 6 minutos, hasta que esté casi hecha. Escúrrala y resérvela.

3. Retire el boniato con la espumadera y, después, eche la cebolla en la cazuela. Rehóguela, removiendo de vez en cuando, 5 minutos o hasta que esté transparente. Añada el ajo, la guindilla y el jengibre, y remueva 1 minuto.

4. Devuelva el boniato a la cazuela y añada la patata, las lentejas, la mitad del caldo y el *garam masala*. Sazone con pimienta. Remueva bien, llévelo a ebullición y tape la cazuela.

5. Baje el fuego y cueza el curry 20 minutos, añadiendo más caldo si quedara demasiado seco. Incorpore el yogur y sírvalo enseguida.

EN BUENA COMPAÑÍA

TUBÉRCULOS ASADOS A LAS HIERBAS

PARA: 4-6 UNIDADES

PREPARACIÓN: 15 MINUTOS

COCCIÓN: 1 HORA

INGREDIENTES

3 chirivías (pastinacas) en trozos de 5 cm/2 in

4 nabos tiernos partidos en cuartos

3 zanahorias en trozos de 5 cm/2 in

450 g/½ calabaza (zapallo anco) almizclera en trozos de 5 cm/2 in

450 g/3 boniatos (papas dulces, batatas) en trozos de 5 cm/2 in

2 dientes de ajo bien picados

2 cucharadas de romero fresco picado

2 cucharadas de tomillo fresco picado

2 cucharaditas de salvia picada

3 cucharadas de aceite de oliva

sal y pimienta al gusto

2 cucharadas de hierbas aromáticas, como perejil, tomillo y menta, para adornar

1. Precaliente el horno a 220 °C (425 °F).

2. Extienda las hortalizas en una fuente refractaria grande, en una sola capa. Condiméntelas con el ajo, el romero, el tomillo y la salvia. Rocíelas con el aceite y salpimiéntelas.

3. Mezcle bien todos los ingredientes hasta que las hortalizas queden bien impregnadas del aceite (si lo prefiere, déjelas macerar para que se absorban los sabores).

4. Ase las hortalizas en la parte alta del horno precalentado de 50 a 60 minutos, hasta que estén hechas y doradas. Deles la vuelta a mitad del tiempo de cocción. Sírvalas enseguida, adornadas con las hierbas.

¡GRAN IDEA!

Estos deliciosos tubérculos asados están crujientes y dorados por fuera y tiernos y esponjosos por dentro. Sírvalos como guarnición de un asado o cualquier plato al horno, por ejemplo, con una lasaña o atún al gratén.

PURÉ DE PATATA Y PUERRO CON COL

Esta especialidad irlandesa, conocida con el nombre de *colcannon*, suele servirse el día de San Patricio. Incluso existe una canción tradicional irlandesa, con el mismo nombre, que habla de este plato.

PARA: 4 PERSONAS

PREPARACIÓN:
15 MINUTOS

COCCIÓN:
20-25 MINUTOS

INGREDIENTES

225 g/2½ tazas de col (repollo) verde en juliana

225 g/8 oz de patatas (papas) rojas en dados

1 puerro (poro) grande picado

3 cucharadas de leche

1 pizca de nuez moscada recién rallada

1 nuez de mantequilla

sal y pimienta al gusto

1. Cueza la col en agua con sal de 7 a 10 minutos. Escúrrala bien y resérvela.

2. Mientras tanto, en otra cazuela, lleve a ebullición agua con un poco de sal y eche la patata y el puerro. Baje el fuego y cuézalos de 15 a 20 minutos, o hasta que estén hechos. Escúrralos y mézclelos con la leche y la nuez moscada. Cháfelo bien, hasta obtener un puré.

3. Añada la col, salpimiente y mezcle bien.

4. Extiéndalo en una fuente precalentada y haga un hoyo en el centro con el dorso de una cuchara. Meta dentro la nuez de mantequilla y sírvalo enseguida, antes de que se enfríe.

PATATAS DORADAS EN GRASA DE PATO

PARA: 4 PERSONAS

PREPARACIÓN: 10 MINUTOS

COCCIÓN: 25 MINUTOS

INGREDIENTES

4 patatas (papas) blancas o rojas

4 cucharadas de grasa de pato, o 3 cucharadas de mantequilla y 1 cucharada de aceite de oliva

sal

1. Ponga a hervir agua con sal en una cazuela. Eche las patatas y, contando desde que el agua vuelva a hervir, cuézalas 5 minutos. Escúrralas y, cuando se hayan enfriado lo suficiente para manipularlas, pélelas y córtelas en rodajas finas o daditos.

2. Derrita la grasa o la mantequilla a fuego fuerte en una sartén grande de base gruesa hasta que esté caliente, pero no humeante. Si fuera necesario, deseche parte de la grasa, hasta que quede solo una capa de 5 mm (¼ in).

3. Extienda las patatas en la sartén, bien repartidas, y baje el fuego a fuego medio. Rehogue las patatas, sacudiendo la sartén y dándoles la vuelta de vez en cuando, de 10 a 12 minutos, o hasta que se doren y estén crujientes por fuera. Con una espumadera, páselas a un plato forrado con papel de cocina y déjelas escurrir bien. Salpiméntelas y sírvalas enseguida.

PURÉ DE PATATA Y COLINABO

Este plato escocés, conocido como *Neeps and Tatties*, es un puré de colinabo *(neeps)* y patata *(tatties)* que suele servirse la Noche de Burns con *haggis*. También es una excelente guarnición para asados, guisos y gratinados.

PARA: 5 PERSONAS

PREPARACIÓN:
15 MINUTOS

COCCIÓN:
20-25 MINUTOS

INGREDIENTES

1 colinabo en dados

450 g/1 lb de patatas (papas) rojas, en dados

4 cucharadas de mantequilla, y un poco más para servir

nuez moscada entera, para rallar

sal y pimienta al gusto

ramitas de perejil, para adornar

1. Ponga a hervir en una cazuela agua con un poco de sal. Cueza el colinabo y la patata 20 minutos, hasta que estén tiernos. Compruebe el punto de cocción con la punta de un cuchillo; si no estuvieran hechos, cuézalos 5 minutos más. Escúrralos bien.

2. Devuelva el colinabo y la patata a la cazuela y caliéntelos unos instantes para que se sequen bien. Añada la mantequilla y cháfelo con un pasapurés.

3. Salpimiente el puré y remuévalo. Ralle un poco de nuez moscada por encima y sírvalo enseguida, adornado con ramitas de perejil y una nuez de mantequilla.

¡GRAN IDEA!

Como su nombre indica, el colinabo es un cruce entre col y nabo. Otra forma de servir este plato consiste en añadirle cebollino y cebolla, versión que en Escocia se conoce como *clapshot*.

107

CHIRIVÍAS CARAMELIZADAS

Estas chirivías sutilmente caramelizadas son una magnífica guarnición para carnes al horno y pasteles de carne. También son perfectas para ocasiones especiales, como Navidad y Pascua.

PARA: 8 PERSONAS

PREPARACIÓN: 5 MINUTOS

COCCIÓN: 40 MINUTOS

INGREDIENTES

24 chirivías (pastinacas) tiernas, partidas por la mitad a lo largo

1 cucharadita de sal

115 g/1 barra de mantequilla

115 g/1 taza de azúcar moreno

1. Ponga las chirivías en una cazuela, cúbralas con agua y eche la sal. Llévelas a ebullición, baje el fuego, tape la cazuela y cuézalas de 20 a 25 minutos, hasta que estén tiernas. Escúrralas bien.

2. Derrita la mantequilla en una sartén de base gruesa o un wok. Eche las chirivías y remueva bien. Esparza el azúcar por encima y remueva sin parar, para que no se pegue ni se queme.

3. Rehogue las chirivías de 10 a 15 minutos, hasta que se doren y caramelicen. Páselas a una fuente precalentada y sírvalas enseguida.

¡GRAN IDEA!

La chirivía es pariente de la zanahoria, y también muy saludable. Es muy rica en fibra alimentaria, que regula el sistema digestivo.

BONIATOS CARAMELIZADOS

PARA: 4 PERSONAS

PREPARACIÓN: 10 MINUTOS

COCCIÓN: 1¼ HORAS

INGREDIENTES

450 g/1 lb de boniatos (papas dulces, batatas), lavados pero no pelados

55 g/4 cucharadas de mantequilla, y un poco más para untar

55 g/¼ de taza de azúcar moreno, jarabe de arce o miel

2 cucharadas de zumo (jugo) de naranja o de piña (ananás)

55 g/⅓ de taza de piña (ananás) troceada (opcional)

1 pizca de canela, nuez moscada o pimienta de Jamaica molidas (opcional)

sal

1. Ponga a hervir en una olla agua con un poco de sal. Eche los boniatos y, contando desde que el agua vuelva a hervir, cuézalos de 30 a 45 minutos, hasta que empiecen a estar tiernos. Apártelos del fuego y escúrralos bien. Déjelos enfriar un poco y pélelos.

2. Precaliente el horno a 200 °C (400 °F). Engrase con mantequilla una fuente refractaria. Corte los boniatos en rodajas gruesas y dispóngalas en una capa en la fuente, superponiéndolas un poco.

3. Corte la mantequilla en daditos y repártalos por encima del boniato.

4. Esparza el azúcar por encima y rocíelo con el zumo de naranja. Si lo desea, añada la piña y las especias. Cueza los boniatos en el horno precalentado de 30 a 40 minutos, remojándolos de vez en cuando, hasta que se doren bien.

5. Sáquelos del horno y sírvalos calientes, directamente de la fuente.

¡GRAN IDEA!

El boniato contiene pocas calorías y presenta un bajo índice glucémico, por lo que es el tubérculo ideal para las dietas de adelgazamiento.

COMO UNA ROSA

Los tubérculos no solo se conservan bien en el frigorífico, sino también en un lugar frío, oscuro y bien ventilado. Recién recolectados, pueden durar varios meses en un sótano o un garaje a cubierto de la escarcha. Según el tiempo que lleven recolectados, los comprados aguantarán varios días en una habitación fría. Si no fuera posible, guárdelos en un cajón bien ventilado (un verdulero de mimbre o de metal), lejos de electrodomésticos que generen calor, como la encimera o el frigorífico, y preferiblemente dentro de una bolsa de algodón bien atada para que no les llegue luz y echen brotes. En establecimientos especializados se venden verduleros especiales para tubérculos.

Cuando haga suficiente frío, guarde los tubérculos que aguanten las temperaturas del frigorífico, sin lavarlos, en un verdulero al aire libre.

Aún aguantarán más envueltos en papel de periódico o en una bolsa de papel. El papel absorbe la humedad, facilitando el ambiente poco húmedo pero bien ventilado que requieren estas hortalizas. En algunos casos es preferible una bolsa de plástico herméticamente cerrada; los rábanos, por ejemplo, necesitan un ambiente húmedo cerrado.

Si compra tubérculos con las hojas, córteselas antes de guardarlos, pero dejando un trocito de los tallos para no herir la carne. Puede que las hojas den impresión de frescura, pero se pudren enseguida y la hortaliza va perdiendo agua a través de ellas.

TIEMPO DE CONSERVACIÓN

Esta es una guía orientativa de conservación de los tubérculos, ya sea en el frigorífico, en un lugar fresco y seco o en un cajón bien ventilado. El tiempo exacto dependerá del momento de recolección, del lugar y la forma de almacenamiento desde entonces y de los días que llevan a la venta.

Aguaturmas: de siete a diez días.

Apionabos: una semana, envueltos en film transparente para que no se sequen.

Boniatos: tres o cuatro semanas.

Chirivías: una semana.

Colinabos: tres o cuatro semanas.

Nabos: si son tiernos, una semana; si no, dos o tres semanas.

Ñames: de siete a diez días; no los meta en la nevera porque podrían pudrirse.

Patatas: una semana, preferiblemente dentro de una bolsa de tela opaca; no las meta en el frigorífico o adquirirán un dulzor desagradable.

Rábanos: tres o cuatro días en el frigorífico, envueltos en papel de cocina húmedo y dentro de una bolsa de plástico bien cerrada.

Remolachas: de siete a diez días.

Zanahorias: si son tiernas, tres o cuatro días; si no, una o dos semanas.

TUBÉRCULOS PAJA ASADOS

Estos tubérculos son una buena alternativa a las tradicionales patatas fritas. Además, al llevar mucho menos aceite, son más saludables.

PARA: 4 PERSONAS

PREPARACIÓN: 10 MINUTOS

COCCIÓN: 25 MINUTOS

INGREDIENTES

900 g/2 lb de tubérculos variados, como chirivía (pastinaca), colinabo, nabo y zanahoria, en bastoncillos de 5 mm/¼ in

2 cucharadas de aceite vegetal

1 cucharadita de sal

sal marina al gusto

1. Precaliente el horno a 230 °C (450 °F).

2. Condimente bien los tubérculos con el aceite y la sal. Extiéndalos en una fuente refractaria grande, en una sola capa, y áselos en el horno precalentado unos 20 minutos, removiendo a mitad de la cocción, hasta que se doren bien y estén hechos. Sáquelos del horno y precaliente el gratinador a temperatura media.

3. Ase los tubérculos 2 o 3 minutos, hasta que empiecen a estar crujientes. Deles la vuelta y áselos 2 minutos más para tostarlos por el otro lado. Sírvalos enseguida, sazonados con sal marina.

2

3

PATATAS ASADAS CON CHALOTES

PARA: 4 PERSONAS

PREPARACIÓN: 10 MINUTOS

COCCIÓN: 1 HORA

INGREDIENTES

1 kg/2¼ lb de patatas (papas) nuevas o rojas

6 cucharadas de aceite de oliva

2 ramitas de romero fresco

150 g/6 oz de chalotes (echalotes) tiernos

2 dientes de ajo en láminas

sal y pimienta al gusto

1. Precaliente el horno a 200 °C (400 °F). Si las patatas fueran grandes, pélelas. Corte las patatas en cuñas gruesas. Póngalas en una olla con agua con sal y llévelas a ebullición. Baje el fuego y cueza las patatas 5 minutos.

2. En el fogón, caliente el aceite en una fuente refractaria. Escurra bien las patatas y póngalas en la fuente. Deshoje el romero, pique las hojas y espárzalas por encima de las patatas.

3. Ase las patatas en el horno precalentado 35 minutos, dándoles la vuelta un par de veces. Añada el chalote y el ajo, y áselas 15 minutos más, hasta que se doren bien. Salpimiente.

4. Páselo a una fuente precalentada y sírvalo enseguida.

¡GRAN IDEA!

Para preparar esta receta le irán mejor unas patatas mantecosas, como las nuevas o unas patatas pequeñas. Las patatas son ricas en minerales que favorecen el funcionamiento del cerebro y los músculos, ideales para mantener el cuerpo y la mente en forma.

PURÉ DE BONIATO CON MANTEQUILLA DE PEREJIL

PARA: 4 PERSONAS

PREPARACIÓN: 10 MINUTOS

COCCIÓN: 25 MINUTOS

INGREDIENTES

70 g/5 cucharadas de mantequilla ablandada

2 cucharadas de perejil picado

900 g/6 boniatos (papas dulces, batatas), limpios y sin pelar

sal

1. Reserve 2 cucharadas de la mantequilla. Ponga el resto en un cuenco y mézclela bien con el perejil. Envuélvala en papel de aluminio o film transparente, dándole forma de bloque, y resérvela en la nevera.

2. Corte los boniatos en trozos iguales. Ponga a hervir en una olla agua con un poco de sal. Eche los boniatos y, contando desde que el agua vuelva a hervir, cuézalos, tapados, de 15 a 20 minutos, hasta que estén tiernos.

3. Escurra bien los boniatos y devuélvalos a la olla. Tápela con un paño de cocina y déjelos reposar 2 minutos. Pélelos y cháfelos con un pasapurés hasta que queden esponjosos.

4. Eche la mantequilla reservada en el puré de boniato y remueva bien. Sírvalo caliente en una fuente de servicio, con la mantequilla de perejil por encima.

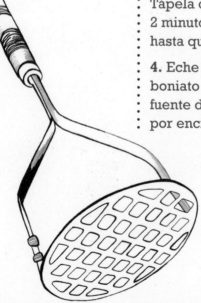

118

ZANAHORIAS AL AGUA DE VICHY CON PEREJIL

Para que este plato francés quede como el auténtico es imprescindible prepararlo con agua de Vichy.

PARA: 4-6 UNIDADES

PREPARACIÓN: 10-15 MINUTOS

COCCIÓN: 10-15 MINUTOS

INGREDIENTES

25 g/2 cucharadas de mantequilla sin sal

450 g/1 lb de zanahorias, en rodajas de 5 mm/¼ in

1 cucharada de azúcar

1 botella de agua de Vichy

sal y pimienta al gusto

2 cucharadas de perejil picado

1. Derrita la mantequilla a fuego medio-fuerte en una cazuela de base gruesa. Eche las zanahorias y, a continuación, el azúcar, sal y pimienta.

2. Cubra las zanahorias con 5 cm (2 in) de agua de Vichy y llévelas a ebullición. Baje el fuego a fuego medio y cueza las zanahorias, sin tapar y removiendo de vez en cuando, hasta que estén tiernas, hayan absorbido toda el agua y estén ligeramente caramelizadas.

3. Rectifique la sazón, pase las zanahorias a una fuente de servicio y esparza por encima el perejil picado. Sírvalo enseguida.

ENSALADA DE REMOLACHA CON AJO Y CEBOLLETA

PARA: 4-6 PERSONAS   **PREPARACIÓN: 20 MINUTOS, MÁS ENFRIADO**   **COCCIÓN: 25-40 MINUTOS**

INGREDIENTES

900 g/2 lb de remolachas (betarragas)

4 cucharadas de aceite de oliva virgen extra

1½ cucharadas de vinagre de vino tinto

2 dientes de ajo y 2 cebolletas (cebollas tiernas), bien picados

sal al gusto

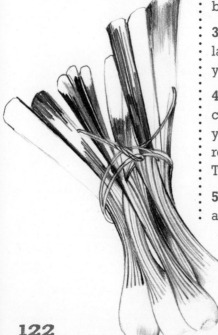

1. Retire con cuidado las raíces de las remolachas sin cortarles la piel, y recorte los tallos dejando 2,5 cm (1 in). Frote con suavidad las remolachas bajo el chorro de agua fría, sin romper la piel, para eliminar los restos de tierra.

2. Ponga las remolachas en una olla, cúbralas con agua y llévelas a ebullición. Tape la olla, baje un poco el fuego y cuézalas entre 25 y 40 minutos, según su tamaño, hasta que la más grande se note blanda al pincharla.

3. Mientras tanto, ponga el aceite, el vinagre, el ajo, la cebolleta y sal en un tarro con tapa de rosca, y agítelo para emulsionar el aliño. Resérvelo.

4. Escurra las remolachas, enjuáguelas bajo el chorro de agua fría hasta que pueda manipularlas y, después, pélelas. Córtelas en trozos grandes o rodajas, póngalas en un bol y rocíelas con el aliño. Tape la ensalada y refrigérela al menos 1 hora.

5. Antes de servir, remuévala con suavidad y pásela a una ensaladera.

SALSA DE ZANAHORIA PARA MOJAR

El marcado color naranja de la zanahoria revela su alto contenido de betacaroteno y alfacaroteno, sustancias que tienen la virtud de rejuvenecer la piel y otros órganos.

PARA: 4-6 PERSONAS

PREPARACIÓN: 15 MINUTOS

COCCIÓN: 40 MINUTOS

INGREDIENTES

500 g/1 lb de zanahorias en rodajas gruesas

100 ml/½ taza de aceite de oliva virgen extra

2 cucharaditas de semillas de comino

115 g/⅔ de taza de feta desmenuzado o de un queso de cabra consistente

sal y pimienta al gusto

1 manojito de cilantro, bien picado, para adornar

1. Precaliente el horno a 200 °C (400 °F). Ponga las zanahorias en una fuente refractaria, rocíelas con el aceite y tápelas con papel de aluminio. Áselas en el horno precalentado unos 25 minutos.

2. Mientras tanto, caliente a fuego medio-fuerte una sartén de base gruesa. Tueste las semillas de comino, sin dejar de remover, 3 o 4 minutos, o hasta que empiecen a tomar color y desprendan aroma. Déjelas enfriar y májelas en el mortero o muélalas gruesas en el molinillo.

3. Destape la fuente, condimente las zanahorias con el comino tostado y áselas 15 minutos más, hasta que estén tiernas.

4. Chafe las zanahorias con un tenedor, con el aceite de la fuente, o bien tritúrelas en el robot de cocina o la batidora. Salpimiente el puré y páselo a una fuente de servicio. Esparza el queso por encima y adórnelo con el cilantro picado. Sírvalo templado o a temperatura ambiente.

HUMMUS DE REMOLACHA Y GARBANZOS

Una apetitosa alternativa al *hummus* tradicional en la que el colorido y la acidez de la remolacha aseguran el impacto visual y un sabor pleno.

PARA: 4-6 PERSONAS

PREPARACIÓN: 10 MINUTOS

COCCIÓN: NINGUNA

INGREDIENTES

400 g/15 oz de garbanzos (chícharos) cocidos, escurridos y enjuagados

1 diente de ajo troceado

2 remolachas (betarragas) cocidas (unos 100 g/3½ oz)

1½ cucharadas de tahín

el zumo (jugo) de ½ limón

3 cucharadas de aceite de oliva

sal y pimienta al gusto

hortalizas en bastoncillos, para servir

1. Triture los garbanzos, el ajo y la remolacha en el robot de cocina o la batidora, solo hasta que se deshagan un poco.

2. Añada el tahín y el zumo de limón, y tritúrelo incorporando el aceite hasta que la salsa adquiera la consistencia que más le guste. Salpimiente.

3. Sirva el *hummus* con bastoncillos de hortalizas.

¡GRAN IDEA!

Las hojas verdes oscuras con nervios morados también son comestibles, cocidas al vapor por ejemplo. Al igual que el tubérculo, son ricas en vitaminas, minerales y carotenos.

ÍNDICE ANALÍTICO